Die Versicherung

gegen

Stellenlosigkeit im Handelsgewerbe

auf Grund

der Enquête des deutschen Verbandes kaufmännischer Vereine
vom Herbste 1892

von

Dr. Hans Hall,
Bankbeamter.

München.
J. Schweitzer Verlag (Jos. Eichbichler).
1894.

Die soziale Frage hat im Handelsgewerbe erst später als in anderen Zweigen des wirtschaftlichen Lebens das öffentliche Interesse erregt; länger als in der gewerblichen Produktion hat sich im Handelsgewerbe das sogenannte patriarchalische Verhältnis zwischen Prinzipal und Gehilfen aufrecht erhalten lassen. Und wenn neuerdings die Interessengegensätze zwischen Prinzipal und Gehilfen in einem Teil des Handelsgewerbes sich scharf zugespitzt haben, vielfach zu Streitigkeiten und dem Ruf nach staatlichem Eingriff Anlaß bietend, so steht wiederum noch immer ein anderer Teil der Gehilfen und Prinzipale mit dem größten Mißtrauen jedem Versuche gegenüber, Gedanken der allgemeinen Arbeiterbewegung ins Handelsgewerbe hineinzutragen.

Es steht hiermit im Einklang, daß auch die erste Anregung zum wichtigsten sozialpolitischen Schritt, zur planmäßigen Regelung der Unterstützung bei Arbeitslosigkeit im Handelsgewerbe, keineswegs bei allen Gehilfen ungeteilten Beifall fand. Es standen sich hier und stehen einander noch heute verschiedene Meinungen gegenüber:

Die einen erklären, das heutige System einer almosenartigen Unterstützung, welche die Bureaus kaufmännischer Vereine den Notleidenden gewähren, sei das einzig Rationelle. Die Anhänger dieser Ansicht nehmen an, daß unter den beschäftigungslosen Handlungsgehilfen sich überwiegend Simulanten und unbefähigte Leute befinden, denen gegenüber eine gewisse diskretionäre Freiheit der Verfügung über Unterstützungsgelder eher am Platze sei als Anerkennung eines Rechtes auf Unterstützung. Im Grunde genommen, so meinen die Anhänger dieses Prinzips, existiert eine erhebliche Arbeitslosigkeitsgefahr für tüchtige Handlungsgehilfen überhaupt nicht; ein brauchbarer Kommis finde stets in Kurzem Unterkommen, und die organisierte gegenseitige Versicherung gegen Stellenlosigkeit sei demgemäß eine Besteuerung der tüchtigen, vom

Risiko der Stellenlosigkeit freien Handlungsgehilfen zu Gunsten der unbrauchbaren oder unfleißigen Kollegen.

Dem gegenüber erblicken andere im Handelsgewerbe die Anzeichen trübster sozialer Zustände, einen Abgrund von Uebelständen. Die Lehrlingszüchterei der Prinzipale sorge dafür, daß stets eine Reservearmee von beschäftigungslosen Gehilfen der Gesamtheit zur Last falle, eine Reservearmee, deren vorbehaltloses Angebot die Arbeitsbedingungen der in Stellung befindlichen Handlungsgehilfen auf das denkbar niedrigste Niveau herabdrücke. Die Folge dessen sei übermäßig lange Arbeitslosigkeit und elende Bezahlung der Handlungsgehilfen. Nicht eher werde dies besser werden, als bis die Handlungsgehilfen, die bisher in den kaufmännischen Vereinen vielfach mit ihren Prinzipalen vereinigt und hierdurch in der energischen Wahrnehmung ihrer besonderen Interessen gelähmt seien, zum Teil sogar auch den kaufmännischen Vereinen noch fern standen, sich bewußt zu einer speziellen Gehilfenorganisation*) nach Art der Arbeiter zusammenschließen und insbesondere in der Regelung der Unterstützung bei Arbeitslosigkeit das Vorbild der Arbeiterfachvereine befolgen würden. Der Erfolg einer geregelten Unterstützung bei Arbeitslosigkeit oder — wie man es nicht ganz zutreffend zu nennen pflegt — einer Versicherung gegen Stellenlosigkeit werde sein, das bisher vorbehaltlose Arbeitsangebot der chronisch Beschäftigungslosen einzuschränken und hierdurch den in Stellung befindlichen Handlungsgehilfen die Handhabe zu bieten, auf Verbesserung ihrer Arbeitsbedingungen, also auf höhere Löhne und kürzere Arbeitszeit, endlich auch auf Abstellung der Lehrlingszüchterei in ähnlich erfolgreicher Weise hinzuarbeiten, wie dies die Gewerkvereine der „gelernten" Arbeiter in England meisterhaft durchgeführt haben, zum Staunen nicht allein der Arbeiter selbst, sondern auch der wohlhabenden Klassen, deren Mehrheit in England heute diese Entwicklung als segensreich anerkennt.

Es ist klar, daß die beiden oben geschilderten Standpunkte, die einander gegenüberstehen und beiderseits von tüchtigen, mitten im

*) Diese Organisation ist bei richtigem Verständnis ihrer Aufgabe der Prinzipalität gegenüber nicht in dem Verhältnis eines feindlichen Gegensatzes, sondern der gegenseitigen Ergänzung gedacht.

Leben stehenden Männern vertreten werden, sich nur dadurch erklären, daß jeder der beiden Parteien verschiedene Verhältnisse vorschweben. Von dem ihrer Anschauung zunächst Vorliegenden ausgehend, verallgemeinern die einen, daß es keine chronische Arbeitslosigkeit für brauchbare Handlungsgehilfen gebe, daß die Arbeitsbedingungen vollkommen menschenwürdige und dem Geleisteten entsprechende seien, während die anderen einzelne zu ihrer Kenntnis gelangende Fälle von Uebelständen zu Verallgemeinerungen im umgekehrten Sinne benützen.

Solange hier blos Behauptung gegen Behauptung steht, ist eine Einigung der Gegensätze undenkbar.

Es liegt bei der geschilderten Methode der Verallgemeinerung einzelner beobachteter Fälle aber anderseits eine große Gefahr vor: Vielleicht ist die Menge derer, die man Handlungsgehilfen nennt, gar nicht eine gleichartige, denselben Bedingungen unterworfene Masse, sondern in verschiedene Kategorien zu scheiden, für deren eine die pessimistische, für deren andere die optimistische Auffassung der Mehrheit zutrifft. Es liegt ferner die Gefahr vor, daß auch für die einzelnen in Betracht kommenden gesonderten Kategorien die Stichproben, von denen aus verallgemeinert wird, Ausnahmefälle sind, die sich schlechthin nicht zur Begründung allgemeiner Urteile eignen.

Zur Klarheit und Wahrheit kann hier nur eine ziffernmäßige Massenbeobachtung mit verständiger Scheidung der verschiedenen in Betracht kommenden Kategorien von Handlungsgehilfen führen. Sind erst die thatsächlichen Verhältnisse exakt ermittelt, dann wird zwischen den verschiedenen Meinungen über die wünschenswerte praktische Politik viel leichter ein Einverständnis zu erzielen sein.

Es ist von diesem Standpunkte aus durchaus zu billigen, daß die deutschen Handlungsgehilfen, ehe sie in der praktisch so wichtigen Frage der Organisation der Unterstützung bei Stellenlosigkeit folgenschwere Schritte unternahmen, eine Enquête versucht haben. Die Schilderung und Kritik dieser Enquête ist der nächste Zweck der folgenden Untersuchung. Im Anschluß daran wird auf das Projekt einer Versicherung gegen Stellenlosigkeit des Näheren eingegangen.

Erster Teil.

I.

Eine Enquête über die Verbreitung der Stellenlosigkeit unter allen deutschen Handlungsgehilfen könnte nur durchgeführt werden, entweder vom Reich oder von einer alle deutschen Handlungsgehilfen umfassenden Vereinsorganisation. Eine Organisation letztgenannter Art existiert nicht, das Reich aber hat Erhebungen der erwähnten Art nicht unternommen. Die Veranstalter der Erhebungen, die uns im Folgenden beschäftigen, bilden faktisch nur einen Teil der deutschen Handlungsgehilfen und zwar nicht derart, daß alle Kategorien von Handlungsgehilfen in demselben Maße hier Vertretung finden, wie wir später nachweisen werden. Wir haben es zu thun mit Erhebungen über die Verbreitung der Stellenlosigkeit unter denjenigen Kategorien von Handlungsgehilfen, die vorzugsweise den Mitgliederbestand der deutschen kaufmännischen Vereine ausmachen. Diese kaufmännischen Vereine lassen sich charakterisieren als Vereinigungen eines Teiles der Gehilfen und Prinzipale im Handelsgewerbe, die einerseits gesellige, sowie Bildungs-Zwecke verfolgen, daneben anderseits die Stellenvermittelung und teilweise auch die Versicherung gegen Krankheiten und Unglücksfälle pflegen. Die bewußte Wahrnehmung der besonderen Interessen des Handlungsgehilfenstandes gegenüber der öffentlichen Meinung, ferner gegenüber den Organen der Verwaltung und Gesetzgebung, tritt als Aufgabe der kaufmännischen Vereine erst neuerdings in den Vordergrund. Eine lose Vereinigung mehrerer kaufmännischer Vereine, die sich zunächst zwecks gemeinsamer Veranstaltung von öffentlichen Vorträgen zusammengefunden hatten, repräsentiert der Deutsche Verband kaufmännischer Vereine.

In diesem Verbande hatte der Ende 1893 über 40000*) Mitglieder umfassende Hamburger Verein für Handlungskommis von 1858 (der inzwischen aus dem Verbande wieder ausgetreten ist) mittelst Rundschreiben vom Herbst 1890, dem Drucke der öffentlichen Meinung folgend, die Frage zur Erörterung gebracht, wie weit eine Versicherung gegen Stellenlosigkeit thunlich sei. Die Hamburger Vorschläge fanden indes nur bei den kaufmännischen Vereinen von Frankfurt a. M., Mannheim und Berlin Beachtung, die übrigen Vereine verhielten sich ablehnend oder teilnahmslos.

Die rührigen Vertreter der Gehilfeninteressen in der Presse sorgten jedoch dafür, daß das einmal angeregte Projekt der Gewährung eines Rechtes auf Unterstützung bei Stellenlosigkeit nicht mehr von der Tagesordnung der kaufmännischen Vereine verschwand. So nahm sich denn der Deutsche Verband kaufmännischer Vereine durch einen auf dem Verbandstage zu Köln a. Rh. am 12. Juni 1892 gefaßten Beschluß offiziell der Sache an. Der Verband beschloß, zur Aufklärung der eigentümlichen Verhältnisse, sowie der Ursache und des Umfanges der Stellenlosigkeit der Handlungsgehilfen eine Enquête zu veranstalten, um dadurch eine Grundlage für weitere Erwägungen zu gewinnen.

Art der Erhebung.

Um die Erhebung richtig beurteilen zu können, muß bei der Frage: Wie viel Tage der von der beobachteten Gesamtheit innerhalb eines Zeitraumes verlebten Zeit waren Tage der Arbeitslosigkeit? berücksichtigt werden, daß die Arbeitslosigkeit, welche z. B. unter den Bankbeamten herrscht, mit dem Arbeitsmarkt der Schnittwarenverkäufer kaum irgend eine unmittelbare Beziehung hat, ferner daß in der erwähnten Kategorie der Bankbeamten die Daten der Arbeitslosigkeit je nach der Gehaltsklasse, der die einzelnen zuzurechnen sind, von großer Verschiedenheit sind.

*) Ende April 1894 über 44000.

Es ist also eine vollkommen exakte Beobachtung der Stellenlosigkeit nur auf Grund fortdauernder Buchungen möglich, die verzeichnen, unter welchen Bedingungen jedes einzelne Vereinsmitglied beschäftigt ist, wann es aus der Beschäftigung austrat und wann es wieder solche erlangte. Diese Methode der Erhebung ist für unseren Zweck an sich ebenso wenig entbehrlich, als die Buchung der Sterbe- und Geburtsfälle für die Statistik der natürlichen Bevölkerungsbewegung. Es ist mir jedoch nicht bekannt, daß einer der kaufmännischen Vereine bisher derartige fortlaufende Beobachtungen zur Grundlage statistischer Erhebungen gemacht hätte. Zum mindesten ist nichts darüber veröffentlicht worden.

In der Erhebungsweise, die der Verband im Herbste 1892 vornahm, haben wir es nur mit einem Surrogat der geschilderten Erhebungsweise zu thun; es liegt eine Stichprobe, eine Zählung des Zustandes an einem Zeitpunkt, anstatt einer fortlaufenden Beobachtung der erheblichen Vorgänge vor.

Es ist klar, daß eine einzige derartige Zählung der zu einem gegebenen Zeitpunkt Beschäftigungslosen ebenso gut einen Zeitpunkt treffen kann, in dem eine überdurchschnittliche, als in dem eine unterdurchschnittliche Arbeitslosigkeit vorherrscht; ja es ist nicht einmal ausgeschlossen, daß der Prozentsatz der am Zählungstag gegenüber der Gesamtheit der Gezählten als arbeitslos Nachgewiesenen hin und wieder genau übereinstimmt mit dem, was wir eigentlich wissen müssen, dem Verhältnis zwischen der von einer Gesamtheit innerhalb eines Zeitraumes beschäftigungslos verlebten Zeit zu der von derselben Gesamtheit in Beschäftigung verlebten Zeit, ein Verhältnis, aus dem sich ohne Weiteres ergibt, wieviel Tage im Jahr ein Gehilfe wahrscheinlich stellenlos ist.

Mit diesem Vorbehalte treten wir nunmehr heran an die Erhebungen und Fragen: Wann und wie ist gezählt worden?

Die Antwort lautet: Es wurde ein Frageschema zur schriftlichen Beantwortung versendet und zwar erhielt jeder Verein von dem Verbandsvorstande die nötige Anzahl von Frageblättern zur Verteilung an alle Stellenbewerber in der Zeit vom 1. Oktober bis 23. November 1892 mit der Weisung, die

Anl. A.

eingelaufenen Antworten der außer bezw. in Stellung Befindlichen getrennt auf den Verbandsfragebogen zusammenzustellen und das ganze Material an die Zentralstelle*) zurückzuleiten. Anl. B u. C.

Eine solche sogenannte Fragebogen-Enquête**) hat verschiedene Mängel, die sich darin geltend machen, daß die Antworten nur nach der Richtung die Verhältnisse beleuchten, nach welcher die feststehenden Fragen Veranlassung geben, während diejenigen Fragen, die den ursächlichen Zusammenhang verschiedener Antworten aufklären, sich meist erst aus diesen ergeben, ferner daß der Antwortgeber genügend Zeit hat, seine Antwort in einer für ihn möglichst unverfänglichen Weise zurechtzulegen, und schließlich daß jede Kontrolle über die erteilten Antworten, in vorliegendem Falle auch die Kontrollbefragung der Arbeitgeber, fehlt.

Eine mündliche Enquête mit Konfrontieren entgegenstehender Interessenten würde hier an sich das Entsprechendste sein, ist aber mit derartigen Schwierigkeiten verknüpft, daß die Leistungsfähigkeit der kaufmännischen Vereine nicht ausreicht und das Mitwirken des Staates unentbehrlich erscheint.

Nachdem man einmal ohne den Staat vorging, war bei der Ausbreitung einzelner Vereine über ganz Deutschland eine mündliche Befragung der Mitglieder direkt ausgeschlossen.

Als Vorzug der vorliegenden Befragung mittels Frageschema ist hervorzuheben, daß gewisse versicherungstechnisch wichtige Punkte, nämlich Anzahl der Stellenlosen, Alter derselben und Dauer der Stellenlosigkeit auf dem schriftlichen Wege am besten festgestellt werden können, ferner, daß nicht die Arbeitgeber, sondern die Angestellten befragt wurden und zwar von einer Organisation, zu der dieselben größtenteils Vertrauen haben — ein nicht zu unterschätzendes Moment gegen unzuverlässige Beantwortung. Ein weiterer Vorzug liegt darin, daß das Versicherungsprojekt zu Gunsten des Gelingens der Enquête das Interesse der Gehilfen lebhaft erregte.

Die Reichsregierung ließ bei ihrer Enquête über die Ladengehilfen im September und Oktober 1892 die Fragebogen durch

*) Zu dem Verbandsvorstand, Herrn Edmund Lotz in Coburg.

**) Vgl. F. Frommer, die Gewinnbeteiligung ꝛc. Leipzig 1886.

Schutzleute in den Ladengeschäften abgeben und wieder abholen, ohne sich der zur Verfügung gestellten Mitwirkung der kaufmännischen Vereine zu bedienen. Solche Polizei-Enquêten haben zwar den Erfolg, daß die Antworten komplett einlaufen, entbehren jedoch der eben erwähnten wichtigen Vorteile, besonders hinsichtlich der Zuverlässigkeit. Zur Ergänzung dieser Erhebungen wurden daher die kaufmännischen Vereine nachträglich durch Rundschreiben zur Rückäußerung aufgefordert und die mündliche Befragung von Prinzipal und Gehilfen in Aussicht genommen.

Für Erhebungen über die Gesamtheit der Handlungsgehilfen werden jedoch die Vereine im Wiederholungsfalle*) wiederum auf diese Fragebogen-Enquête angewiesen sein, da sie auf staatliche Hilfe vorerst nicht rechnen können.

Da über die Art der Versendung der Frageblätter keine Bestimmung getroffen war, verfuhr jeder Verein nach eigenem Ermessen. Die hiebei gemachte Erfahrung ist in folgender Tabelle I (Seite 11) niedergelegt. Während der Frankfurter Verein an sämtliche Stellenbewerber im Oktober und November 1500 Fragebogen versandte und 788, d. i. 52,5 % zurückerhielt, hat der Hamburger Verein in seinem Organe, dem Hamburger Vereinsblatt, und durch seine Bezirksvorstände jedes stellenlose und jedes in gekündigter Stellung befindliche Vereinsmitglied auffordern lassen, ein Frageblatt zur Beantwortung zu verlangen und erhielt von 436 Stücken 276, d. i. 63,3 % zurück. Der Mannheimer Verein legte allen ausgesandten Frageblättern Freikouverts bei und erhielt von 280 Exemplaren 245, d. i. 87,5 % zurück. Von diesen 245 Antwortgebern wohnten nur 47, d. i. 19 % in Mannheim, der Einfluß der lokalen Beteiligung war also hiebei nicht ausschlaggebend; von dem Verhalten der auswärtigen Mitglieder, welche das Frageblatt mit einem Begleitschreiben erhielten, sonach die gleiche Anregung wie bei allen Vereinen erfuhren, hing das Resultat ab. Der günstige Erfolg ist daher in erster Linie der

---

*) Die Notwendigkeit der Wiederholung wurde anfangs Juni 1892 auf dem Verbandstag in Görlitz erörtert. Mangels Einigkeit scheinen sich Hamburg und Frankfurt auf Erhebungen im Verein beschränken zu wollen.

Tab. I.

Namen der Kaufmännischen Vereine*)	Anzahl der Vereinsmitglieder, welche Gehilfen sind.	Frageblätter			Antwortgeber außer Stellung		Antwortgeber in Stellung	
		bezogen	aus-gesandt	zurück-geliefert	im Ganzen	es wohnen im Vereinsort	im Ganzen	es wohnen im Vereinsort
Augsburg	226	80	30	25	14	9	11	2
Bingen	57	5	1	1	1	1	—	—
Braunschweig	190	10	8	3	1	1	2	2
Cassel	235	32	32	9	2	1	7	2
Cöln	255	145	145	55	24	10	31	11
Crimmitschau	132	10	—	—	—	—	—	—
Dresden	5	5	—	—	—	—	—	—
Elberfeld	600	50	35	13	7	5	6	4
Frankfurt a. M.	**10134**	**1500**	**1500**	788	**359**	**29**	**429**	**43**
Freiberg i. S., Hdlsw.-V.	92	5	4	4	3	3	1	1
Freiburg i. Br.	70	3	2	2	2	2	—	—
Göppingen	134	10	1	1	1	1	—	—
Görlitz, V. j. K.	453	10	4	4	3	3	1	—
Hamburg v. J. 58	**32000**	**1400**	**436**	**276**	**227**	**84**	**49**	**14**
Mainz	221	25	6	2	—	—	2	2
Mannheim	1500	400	280	245	97	20	**148**	**27**
Meiningen	40	3	—	—	—	—	—	—
München	1923	50	50	23	23	20	—	—
Nördlingen	45	1	1	1	1	1	—	—
Offenbach a. M.	210	25	8	4	2	1	2	2
Pforzheim	260	75	70	32	11	3	21	13
Plauen i. V.	294	15	13	9	3	2	6	3
Sorau, V. j. K.	34	2	—	—	—	—	—	—
Stolp, V. j. K.	109	3	1	1	1	1	—	—
Würzburg	194	25	20	9	6	5	3	—
Zwickau	119	21	21	12	4	2	8	—
Bremen, Herford, Straßburg	bezogen 220, beteiligten sich jedoch nicht.							
Summe:	49532	4130	2668	1519	792	204	727	126
ab Frankfurt u. Hamburg	42134	2900	1936	1064	586	113	478	57
bleiben diverse:	7398	1230	732	455	207	91	248	69
Wien	1714	1714	1714	299	27	23	272	203
Berlin, k. u. g. H. f. w. Angestellte	2500	400	180	83	58	58	25	25

*) Wo kein anderer Beisatz steht, ist „kaufmännischer Verein" zu ergänzen.

Beilage eines Freikouverts zu verdanken. Deshalb ist bei einer Wiederholung der Enquête dieses Verfahren des Mannheimer Vereins zur Nachahmung zu empfehlen.

Der Münchener Verein beschränkte sich auf die Befragung der stellenlosen Vereinsmitglieder,*) konnte daher nur ein im Vergleich zur Größe des Vereins geringes Material zur Verfügung stellen. Dies ist zu bedauern; denn gerade die Rücksicht auf die Masse des Beobachtungsmaterials bestimmte den Verbandsvorstand dazu, die Erhebungen nicht blos über die Stellenlosen an einem Tage, sondern über die Stellenbewerber innerhalb einer längeren Zeitstrecke auszudehnen. Laut mündlicher Mitteilung seitens der Vorstandschaft dieses Vereines wurden alle stellenlosen Bewerber zur Beantwortung der Frageblätter auf das Vereinsbureau eingeladen und haben gerne und pünktlich Folge geleistet.

Der Wiener Verein erregt dadurch besonderes Interesse, daß er die Fragebogen als Beilagen zu seinem Vereinsblatt an alle Mitglieder hinausgab. Seine Resultate können daher für die analogen Zahlen der deutschen Vereine bei Rückschlüssen auf die Gesamtmitgliederzahl zum Vergleich herangezogen werden, wenngleich es nicht ausgeschlossen ist, daß sich unter den „in Stellung" außer Stellenbewerbern solche Mitglieder finden, die sich aus reinem Interesse für die Sache an der Enquête beteiligten.

Die kaufmännischen Vereine von Crimmitschau, Dresden, Meiningen und Sorau waren in der glücklichen Lage, stellenlose Mitglieder nicht aufweisen zu können.

Wohnort der Antwortgeber.

Während die Beteiligung der kleineren Vereine sich meist nur auf die Mitglieder im Vereinsorte beschränkte, weist von den übrigen Vereinen der Hamburger die stärkste lokale Beteiligung auf. Der Wiener und Berliner Verein lieferte fast ausschließlich Antworten aus dem Vereinsorte, zählt überhaupt wenig auswärtige Mitglieder, wie mir von unterrichteter Seite mitgeteilt wird.

*) Drei Antwortgeber nennen sich Nichtvereinsmitglieder (s. S. 25).

Von 73 Verbandsvereinen mit 82700 Mitgliedern beteiligten sich 27 Vereine (= 37 %) mit 52100 Mitgliedern (= 63 %).*) Die Verteilung der Vereinsorte über Deutschland ist selbstverständlich von der Verteilung der Wohnorte der Gehilfen verschieden. Ueber Letzteres gibt folgende Tabelle Nr. II (s. S. 14) Aufschluß, an deren Kopf diese Wohnorte resp. ihre Gegenden aufgeführt sind, während in der ersten Kolonne die 3 Gruppen stehen: 1. Frankfurter Verein, 2. Hamburger Verein und 3. die übrigen deutschen Vereine.

Faßt man Frankfurt, die Rheingegend, Bayern, Württemberg und Baden unter dem Namen „Süd- und Westdeutschland" zusammen, so ist dies

bei den 754 a. St. mit 429, d. i. 57 %
„ „ 694 i. St. „ 498, d. i. 72 % und in der
Summe von 1448 „ 927, d. i. 64 %

der Frageblätter beteiligt.

Wird ferner berücksichtigt, daß die Beiträge der bayerischen Vereine ganz gering sind — es stellt der Augsburger Verein 25, der Münchener 23, der Nördlinger 1, der Würzburger 9 Antwortgeber — so darf man die überwiegende Beteiligung der Handlungsgehilfen in Süd- und Westdeutschland in erster Linie dem Einfluß der Vereine von Mannheim und Frankfurt zuschreiben.

Die Ursache dieser starken Beteiligung ist außer in dem in dieser Gegend regeren sozialpolitischen Interesse, in dem Umstande zu suchen, daß die beiden Vereine von dem Rufe des Vereinsortes als Handelsplatz, ebenso wie die Vereine anderer Handelszentren, einen gewissen Nimbus erhalten und mit ihren Unternehmungen im Allgemeinen sowohl, als auch speziell bei den auswärts wohnenden Handlungsgehilfen hervorragendes Interesse erregen, das einmal erregte Interesse aber, welches mit der räumlichen Entfernung von der Quelle der Anregung abzunehmen droht, durch ihre Nachbarschaft noch verstärken.

*) Vgl. Mitteilung Nr. 18 des deutschen Verbandes kaufmännischer Vereine, wonach von den in Tabelle I aufgeführten 28 Vereinen Nördlingen z. Z. der Enquête noch nicht zum Verband gehörte.

Tab. II.

Gruppen	Hamburg—Altona	Frankfurt a. M.	Berlin	Seestädte: Kiel, Stettin, Lübeck, Danzig, Bremen.	N.W.-Ecke Deutschlands.	Centrum einschl. Hannover, Königreich u. Prov. Sachsen	N.O. einschließlich Mecklenburg und Schlesien.	Rheingegend mit Hessen und Vereinzelten aus Metz und Straßburg excl. Pfalz.	Bayern mit Pfalz	Württemberg	Baden	Ausland	Angabe des Wohnortes fehlt.	1. Unleserlich. 2. mehrfach vorkommende Orte ohne Zusatz. 3. Zu kleine Orte ohne Beisatz.	Summa:
Außer Stellung:															
Frankfurt	5	29	2	1	1	46	12	101	54	41	31	4	12	20	359
Hamburg	84	2	12	12	11	36	21	22	8	2	—	7	5	5	227
diverse	—	—	—	1	3	13	5	46	52	14	58	3	2	9	206
Sa. außer Stellung:	89	31	14	14	15	95	38	169	114	57	89	14	19	34	792
Korrektur für Doppelbögen	—	—	—	—	—	3	1	12	7	3	9	1	—	2	38
Korrigierte Sa.:	89	31	14	14	15	92	37	157	107	54	80	13	19	32	754
In Stellung:															
Frankfurt	4	43	7	4	6	42	7	109	80	30	59	20	10	8	429
Hamburg	14	—	2	3	6	8	3	4	—	1	2	5	—	1	49
diverse	1	2	1	1	—	30	4	60	46	12	78	2	6	6	249
Sa. in Stellung:	19	45	10	8	12	80	14	173	126	43	139	27	16	15	727
Korrektur für Doppelbögen	1	—	—	—	—	2	—	9	8	3	8	1	1	—	33
Korrigierte Sa.:	18	45	10	8	12	78	14	164	118	40	131	26	15	15	694
Gesamt-Sa.:	107	76	24	22	27	170	51	321	225	94	211	39	34	47	1448

Auffällig ist die geringe Beteiligung in dem Osten von Deutschland und den großen Seestädten, außer Hamburg; es fehlen die kaufmännischen Vereine selbst (ausgenommen Sorau und Stolp, von welchen ersteres kein, letzteres ein Frageblatt zurückerhielt), die Anzahl der Gehilfen, welche als „auswärtige" Mitglieder ein Frageblatt hätten liefern können, ist unbedeutend. Dieses Fernbleiben könnte sich dadurch erklären lassen, daß in dem mehr ländlichen Teile des Ostens noch wenig Verständnis für die sozialreformatorischen Bestrebungen des Verbandes herrscht und in den Großstädten dieser Gegend ebenso wie in den großen Seestädten die verhältnißmäßig günstige Lage der Vereinsangehörigen noch kein Bedürfnis nach dieser Richtung hin fühlbar gemacht hat.

Die Beteiligung im Zentrum von Deutschland erscheint mit Rücksicht darauf, daß die größte Zahl der Frageblätter von „auswärtigen" Mitgliedern geliefert wurde, recht erfreulich. Das hierdurch bekundete Interesse mag wohl durch die Nähe der Agitationsthätigkeit des zwar feindlich außerhalb des Verbandes stehenden, aber die gleichen Ziele anstrebenden Verbandes deutscher Handlungsgehilfen in Leipzig mit beeinflußt worden sein.

II.

Eine Statistik über die Antworten der eingelaufenen Frageblätter wurde seitens des Verbandsvorstandes Edmund Lotz in Nr. 18 der Verbandsrundschreiben im Februar 1893 veröffentlicht. Diese Resultate sind dadurch gewonnen, daß jeder Verein seine an ihn zurückgeleiteten Frageblätter sichtete und verarbeitete, der Verbandsvorstand sodann die von den Vereinen auf dem Verbandsfragebogen niedergelegten Daten prüfte und zum Schlußergebnis zusammenstellte.

Das mir Ende Februar 1893 von dem Verbandsvorstande zur Verfügung gestellte Urmaterial, nämlich die Frageblätter ohne die Verbandsfragebogen, unterwarf ich mittels kleiner Karten — ein bekanntes technisches Hilfsmittel — einer nochmaligen Verarbeitung, auf deren Ergebnis sich folgende Erörterungen stützen.

Erster Eindruck der Enquête.

Schon gelegentlich der Anfertigung dieser Karten erhielt ich einen allgemeinen Eindruck von dem vorliegenden Resultat der Enquête, der nicht unerwähnt bleiben darf.

Die Antwortgeber bilden, wenn sie auch alle Handlungsgehilfen sind, doch keine gleichartige Kategorie. Der Beruf eines Komptoiristen, Lageristen, Reisenden oder Verkäufers bedingt naturgemäß ein verschiedenes, auch im Recht- und Schönschreiben zu Tage tretendes Bildungsniveau, überdies deuten die Gehaltsdifferenzen auf verschiedenartige Befähigung, und die Altersdifferenzen auf verschiedenartige Erfahrung in den einzelnen Berufsarten hin.

Diese Verschiedenartigkeit zeigt sich vor Allem darin, daß der Zweck der Erhebungen mannigfach mißverstanden wurde, was Antworten wie „Kann ich nicht beantworten, weil ich mich in Stellung befinde“ oder direkte Anfragen „Hat das Frageblatt auf eine Stelle Bezug“ beweisen. Ferner blieben häufig alle Fragen unbeantwortet oder wurden durch die quer vom Kopf bis zum Fuß des Frageblattes geschriebene Bemerkung „Zur Zeit in Stellung“ oder durch die regelmäßige Wiederholung dieser Worte erledigt.*) Andere Gehilfen erblicken in der Rundfrage eine Nachforschung über ihre eigenen Verhältnisse und drücken sich vorsichtig aus, wie z. B. bei dem Votum für die Versicherung gegen Stellenlosigkeit durch den Beisatz „ohne mich binden zu wollen“.

Es sind also thatsächlich Mißverständnisse unterlaufen, mögen diese nun dadurch zu erklären sein, daß von den Handlungsgehilfen die Frageblätter nur flüchtig gelesen und mißverstanden wurden, oder daß die Absicht des Verbandes nicht genügend bekannt gemacht wurde und daher auf unzureichendes Interesse gestoßen ist.

Wie die Zuverlässigkeit der Antwortgeber von Seiten der Handlungsgehilfen selbst beurteilt wird, kann nicht angegeben werden; in den Frageblättern wurde nur eine diesbezügliche Bemerkung gefunden: „Wir haben viele zweifelhafte Elemente in

*) Stand diese Bemerkung einmal z. B. unter a, das andere Mal unter c des für die Antwort bestimmten, in a, b, c und d geteilten Raumes, so wurde dies als giltige Antwort von mir mitgezählt.

unserem Kaufmannsstande und Sie werden wohl wenige finden, die Ihre Anfrage wahrheitsgetreu beantworten, so z. B. die Frage 10a (von wem wurde gekündigt) und 13g[4] (Kündigungsgrund: nicht geeignet)."

Bei der Prüfung der Aufrichtigkeit der Antwortgeber waren nur vereinzelt widersprechende Antworten zu finden, wie: „selbst gekündigt" — „Grund: Auflösung des Geschäftes" oder „wurde die Kündigungszeit ausgehalten? ja" — „wurde die Kündigungszeit nicht ausgehalten? nein". Dagegen erschienen zahlreiche gerade nicht zu Gunsten des Gehilfen sprechende Antworten, z. B. um nur eine anzuführen, „um in Nr. Sicher zu gehen". Man wird daher nicht fehl gehen, wenn man die Aufrichtigkeit der Gehilfen nicht bezweifelt und die Zuverlässigkeit der Antworten, die durch die oben angeführten Mißverständnisse beeinträchtigt wurde, wenigstens nach dieser Richtung hin als gesichert erachtet.

Die Fragestellung über Alter und Gehalt gab zu Zweideutigkeiten Veranlassung, indem z. B. die Antwort „30 Jahre alt" unter den Rubriken b und c erschien. Wie die Vereine bei der Zusammenstellung der Ergebnisse ihrer Frageblätter sich aus der Klemme geholfen haben, konnte ich nicht feststellen. Die Antwort „30 Jahre alt" unter b oder c zu registrieren, je nachdem sie an der einen oder anderen dieser beiden Stellen erschien, hielt ich nicht für zulässig, weil die Antworten auf Unterabteilungen der Fragen überhaupt sehr häufig nicht an der angewiesenen Stelle eingesetzt waren. Um konsequent sein zu können, beobachtete ich bei der statistischen Gruppierung folgende willkürliche Anordnung:

Alter	bezw.	Gehalt
a) unter 25 Jahren		a) unter Mk. 1000
b) von 25—29 Jahren		b) von Mk. 1000—1499
c) von 30—40 Jahren		c) von Mk. 1500—2000
d) über 40 Jahre		d) über Mk. 2000

eine Anordnung, durch die sich meine Ergebnisse gegenüber den schon veröffentlichten Daten etwas verschoben. Im Falle der Wiederholung der Enquête wird eine solche Anordnung schon im Frageschema vorzusehen sein. Ebenso wird es sich empfehlen, die Frage unter Ziffer 14 des Blattes „hatten Sie überhaupt noch keine bezahlte Gehilfenstelle, sondern verfielen Sie sofort nach Beendigung der Lehrzeit der Stellenlosigkeit“ zur Vermeidung von Zweideutigkeiten in ihre zwei Teile zu zerlegen, da der Antwortgeber eine bezahlte Gehilfenstelle gehabt haben kann, hier also mit ja antworten muß, während er gleichzeitig die Frage über die Beendigung der Lehrzeit mit nein zu beantworten in der Lage sein kann. Schließlich sei noch auf einen Druckfehler im Verbandsfragebogen hingewiesen: unter Ziffer 15a muß es „bis drei Monate“ statt „bis zwei Monate“ heißen, da in den an die Gehilfen verteilten Frageblättern an der analogen Stelle „bis drei Monate“ steht.

Unklarheiten, speziell Striche*) statt einer präzisen Antwort, werden selbstverständlich verschiedenartig interpretiert. Dieser Uebelstand, welcher eine Ungleichartigkeit in der Thätigkeit der Vereine bei der Verarbeitung des Urmaterials unvermeidlich macht, ließe sich im Wiederholungsfalle der Enquête dadurch beseitigen, daß jedes eingelaufene Frageblatt von den Vereinen selbst einer peinlichen Durchsicht unterworfen würde, um durch mündliche oder schriftliche Nachforschung etwa erforderliche Ergänzungen zu schaffen.

Doppelzählung.

Vor dem Beginn der eigentlichen Zählarbeit fand ich durch alphabetische Einordnung der Karten, daß viele Gehilfen mehrere Frageblätter hauptsächlich an den Mannheimer und Frankfurter Verein zugleich eingesandt haben, darunter 3 Gehilfen mit je 3, die übrigen mit je 2 Exemplaren; 6 dieser Gehilfen haben ein und denselben Verein, nämlich dem in Frankfurt, je 2 Frageblätter zu verschiedener Zeit eingeschickt. Der Wiener und Berliner Verein ist bei den Doppelzählungen nicht beteiligt. Im Folgenden blieben daher 71 Frageblätter unberücksichtigt.

III.

Ergebnisse der Statistik.

Die Spezialtabellen, welche ich für die fünf Gruppen: Frankfurt, Hamburg, diverse, Berlin und Wien „außer bezw. in Stellung“

*) Einen Strich betrachtete ich als keine Antwort.

nach dem Alter einerseits, dem Gehalt, Beruf, Stellenlosigkeitsdauer, Kündigungsfrist und -Grund andrerseits ausgearbeitet habe, sind für die Veröffentlichung zu umfangreich und würden die Uebersichtlichkeit dieser Schrift nicht unerheblich vermindern. Besonders interessante Ergebnisse dieser Spezialtabellen werden an den einschlägigen Stellen eingeschaltet.

Für unseren Zweck genügt im Allgemeinen folgende Haupttabelle Nr. III (s. S. 20 u. f.).

Vor Besprechung dieser Haupttabelle wiederhole ich, daß bei vorliegender Erhebung nur diejenigen Gehilfen beteiligt sind, welche in den kaufmännischen Vereinen als Stellenbewerber aufgetreten sind und erfahrungsgemäß hinsichtlich der Befähigung den Durchschnitt der deutschen Handlungsgehilfen bilden, weshalb zur Vermeidung von Trugschlüssen stets festgehalten werden muß, daß hier kein Bild der Verhältnisse sämtlicher*) deutschen Handlungsgehilfen geboten wird; ich bemerke, daß die Resultate in mancher Beziehung überraschen werden, nachdem von verschiedener Seite, namentlich von Dr. Quark in der „kaufmännischen Presse" wiederholt auf die zunehmende Verschlechterung der sozialen Verhältnisse der Handlungsgehilfen (speziell der Ladengehilfen) hingewiesen worden ist.

Das Hauptresultat lautet: Von 1448 Antwortgebern (Wien 299, Berlin 83) waren 754 (Wien 27, Berlin 58) z. Z. außer Stellung, während sich 694 (Wien 272, Berlin 25) in Stellung befanden.

Im Hinblick auf dieses Hauptresultat wird mit Recht die Frage aufgeworfen, ob alle stellenlosen Vereinsmitglieder in der beobachteten Zeit mitgezählt wurden. So z. B. hat Oldenberg in Nr. 22 des sozialpolitischen Centralblattes (II. Jahrgang) unter Hinweis auf das Verfahren des Hamburger Vereins, das von den Gehilfen die Abfassung und Expedierung zweier Schreiben erforderte, die Vermutung ausgesprochen, daß nicht alle stellenlosen Vereinsmitglieder zur Beantwortung gekommen seien. Abgesehen davon, daß der Vorstand des fraglichen Vereines hierüber entgegengesetzter Ansicht ist, möchte ich doch betonen, daß für die genannte

*) Nach der Berufszählung vom Jahre 1882 bezifferte sich das Hilfspersonal im deutschen Handelsgewerbe auf 391 206, ist aber seitdem stärker als die Bevölkerungszahl und die kaufmännischen Betriebe gewachsen.

Haupt-Tab. (III.)

Antwortgeber 1448 (Wien 299, Berlin 83)	Außer Stellung:						In Stellung:					
	Deutschland		Wien		Berlin		Deutschland		Wien		Berlin	
	754	%	27	%	58	%	694	%	272	%	25	%
1. a) Von den Antwortgebern sind gleichzeitig Mitglied mehrerer kaufmännischer Vereine . .	153	20.3	2	8.—	—	—	164	23.6	12	5.—	—	—
b) Von den Antwortgebern haben sich gleichzeitig bei mehreren kaufmännischen Vereinen als Bewerber gemeldet . . .	147	19.5	5	19.—	—	—	218	31.4	3	1.—	—	—
2. Von den Antwortgebern bekleideten zuletzt Stellungen als:												
I. Komptoiristen . . .	399	52.9	18	66.7	27	46.5	354	51.—	153	56.2	16	64
II. Lageristen	55	7.3	1	3.7	3	5.2	38	5.5	13	4.8	1	4
III. Reisende	41	5.4	1	3.7	—	—	39	5.6	5	1.8	—	—
IV. Verkäufer im Laden .	88	11.7	3	11.1	19	32.8	65	9.4	20	7.4	3	12
V. Mehrseitig Verwendete	145	19.2	3	11.1	3	5.2	176	25.3	21	7.7	—	—
VI. Lehrlinge, sonstige Gehilfen und ohne Angabe	26	3.5	1	3.7	6	10.3	22	3.2	60	22.1	5	20
Sa.:	754	100.—	27	100.—	58	100.—	694	100.—	272	100.—	25	100
3. Ist erledigt durch die Ueberschrift.												
4. Von den Antwortgebern sind stellenlos:												
a) seit 1 Monat	323	42.8	1	3.—	26	45.—						
b) seit 2 Monaten	94	12.5	5	19.—	10	17.—						
c) seit 3 Monaten	65	8.6	6	23.—	3	5.—						
d) seit länger als 3 Monaten	257	34.1	14	52.—	19	33.—						
Angabe fehlt bei	15	2.—	1	3.—	—	—						
Sa.:	754	100.—	27	100.—	58	100.—						
e) Von den Antwortgebern haben ein Stellenangebot abgelehnt und zwar:												
I. wegen ungenügend. Gehaltsofferte	80	10.6	6	24.—	5	9.—						
II. wegen unerwünscht. Beschäftigung	43	5.7	2	8.—	1	2.—						
III. wegen anderer Ursachen	76	10.1	3	12.—	10	17.—						
5. Von d. Antwortgebern befanden sich im Alter von:												
a) unter 25 Jahren . . .	521	69.1	12	44.5	48	82.8	473	68.2	87	32.—	13	52
b) 25—30 Jahren (excl.) .	149	19.8	9	33.3	7	12.1	131	18.9	74	27.2	9	36
c) 30—40 Jahren (incl.) . .	59	7.8	3	11.1	2	3.4	62	8.9	80	29.4	2	8
d) über 40 Jahren . . .	22	2.9	2	7.4	1	1.7	14	2.—	25	9.2	1	4
Angabe fehlt bei	3	0.4	1	3.7	—	—	14	2.—	6	2.2	—	—
Sa.:	754	100.—	27	100.—	58	100.—	694	100.—	272	100.—	25	100

Antwortgeber 1448 (Wien 299, Berlin 83)	Außer Stellung:						In Stellung:					
	Deutschland		Wien		Berlin		Deutschland		Wien		Berlin	
	754	%	27	%	58	%	694	%	272	%	25	%
6. Von d. Antwortgebern bezogen Jahresgehalt (freie Station ist hierbei in baar abgeschätzt):												
a) unter *M.* 1000 . .	193	25.6	7	25.8	48	82.8	173	24.9	38	14.—	21	84
b) *M.* 1000—1499 . .	307	40.7	11	37.—	6	10.3	265	38.2	79	29.—	3	12
c) *M.* 1500—2000 . .	163	21.6	7	25.8	1	1.7	155	22.3	72	26.5	1	4
d) über *M.* 2000 . .	61	8.1	—	—	—	—	61	8.8	68	25.—	—	—
Angabe fehlt bei	30	4.—	2	7.4	3	5.2	40	5.8	15	5.5	—	—
Sa.:	754	100.—	27	100.—	58	100.—	694	100.—	272	100.—	25	100
7. Von den Antwortgebern war in letzter Stelle folgende Kündigungsfrist vereinbart:												
a) 14 Tage und darunter bei	48	6.4	1	3.—	33	57.—	17	2.4	20	7.—	14	56
b) 1 Monat bei	132	17.5	6	23.—	14	24.—	58	8.4	21	8.—	5	20
c) 6 Wochen vor Quartalsschluß bei	431	57.2	18	68.—	8	14.—	466	67.2	202	74.—	6	24
d) 3 Monate bei	74	9.8	1	3.—	1	2.—	71	10.2	27	10.—	—	—
Angabe fehlt bei	69	9.1	1	3.—	2	3.—	82	11.8	2	1.—	—	—
Sa.:	754	100.—	27	100.—	58	100.—	694	100.—	272	100.—	25	100
8. Das letzte Dienstverhält. endete am Quartalsschluß bei . .	342	45.4	11	41.—	23	40.—	221	31.8	45	16.—	4	16
9. Das letzte Dienstverhält. endete zu anderer Zeit als am Quartalsschluß bei	326	43.2	14	52.—	33	57.—	169	24.2	81	30.—	14	56
Zu 8 und 9 fehlt Angabe bei	86	11.4	2	7.—	2	3.—	305	44.—	146	54.—	7	28
Sa.:	754	100.—	27	100.—	58	100.—	694	100.—	272	100.—	25	100
10. Die Kündigung wurde bewirkt:												
a) vom Prinzipal . . .	218	28.9	11	41.—	23	40.—	127	18.3	30	11.—	4	16
b) vom Gehilfen	452	60.—	15	56.—	33	57.—	333	48.—	105	39.—	17	68
Angabe fehlt bei	84	11.1	1	3.—	2	3.—	234	33.7	137	50.—	4	16
Sa.:	754	100.—	27	100.—	58	100.—	694	100.—	272	100.—	25	100
11. Die Kündigungszeit wurde ausgehalten von	487	64.6	22	82.—	51	88.—	290	41.8	81	30.—	16	64
12. Die Kündigungszeit wurde nicht ausgehalten von	119	15.8	4	15.—	5	9.—	49	7.1	31	11.—	2	8
Bei 11 und 12 fehlt Angabe bei	148	19.6	1	3.—	2	3.—	355	51.1	160	59.—	7	28
Sa.:	754	100.—	27	100.—	58	100.—	694	100.—	272	100.—	25	100

Antwortgeber 1448 (Wien 299, Berlin 83)	Außer Stellung:						In Stellung					
	Deutschland		Wien		Berlin		Deutschland		Wien		Berlin	
	754	%	27	%	58	%	694	%	272	%	25	%
13. Der Kündigungsgrund war:												
a) Reduktion des Geschäftspersonals bei	86	11.4	2	8	10	17	56	8.1	10	3.5	1	4
b) Auflösung d. Geschäft. bei	33	4.4	3	10	1	2	23	3.3	16	6.–	3	12
c) Konkurs des Geschäftsinhabers bei	9	1.2	2	8	—	—	11	1.6	6	2.–	—	—
d) Erkrankung d. Gehilfen bei	94	12.5	5	20	11	19	15	2.2	7	3.–	2	8
e) Ersatz des Gehilfen durch den ältesten Lehrling bei	21	2.8	—	—	1	2	20	2.9	1	0.5	—	—
f) Meinungsverschiedenheit zwischen Prinzipal und Gehilfen bei	128	17.–	3	10	10	17	64	9.2	24	8.–	5	20
g) durch Familienverhältn. veranlaßt bei	18	2.4	2	8	5	9	9	1.3	8	3.–	2	8
I. um mehr Gehalt zu bekommen bei . .	52	6.9	3	10	12	21	87	12.5	39	14.–	2	8
II. um die Kenntnisse zu vermehren bei . .	58	7.7	2	8	2	3	116	16.7	18	7.–	4	16
III. um d. Geschäftsleben anderer Städte und Länder kennen zu lernen bei . . .	25	3.3	—	—	—	—	37	5.3	6	2.–	—	—
IV. weil für die Stellung nicht geeignet bei .	20	2.6	—	—	4	7	25	3.6	—	—	3	12
h) Einberufg. z. Militär bei	180	23.8	4	14	—	—	33	4.8	8	3.–	—	—
Angabe fehlt bei	30	4.–	1	4	2	3	198	28.5	129	48.–	3	12
Sa.:	754	100.–	27	100	58	100	694	100.–	272	100.–	25	100
14. Von den Antwortgebern hatten überhaupt noch keine bezahlte Gehilfenstelle, sondern verfielen sofort nach Beendigung d. Lehrzeit der Stellenlosigkeit . .	39	5.–	—	—	2	3	12	1.6	4	1.5	—	—
15. Von den Antwortgebern waren früher schon stellenlos:												
a) I. bis 1 Monat . . .	70	9.3	7	26	3	5	28	4.–	30	11.–	4	16
II. bis 3 Monat . . .	64	8.5	1	4	3	5	53	7.6	24	9.–	1	4
III. darüber hinaus . . .	103	13.7	10	37	5	9	49	7.1	72	26.–	4	16
IV. nicht schon früher stellenlos waren	517	68.5	9	33	47	81	564	81.3	146	54.–	16	64
Sa.:	754	100.–	27	100	58	100	694	100.–	272	100.–	25	100
b) I. 1mal	155	20.6	7	26	4	7	105	15.2	57	21.–	7	28
II. 2mal	61	8.1	2	7	4	7	14	2.–	17	6.–	1	4
III. 3mal	22	2.9	5	19	3	5	10	1.4	11	4.–	1	4
IV. nicht schon früher wiederholt stellenlos waren	516	68.4	13	48	47	81	565	81.4	187	69.–	16	64
Sa.:	754	100.–	27	100	58	100	694	100.–	272	100.–	25	100

Antwortgeber 1448 (Wien 299, Berlin 83)	Außer Stellung:						In Stellung:					
	Deutschland		Wien		Berlin		Deutschland		Wien		Berlin	
	754	%	27	%	58	%	694	%	272	%	25	%
16. a) Von den Antwortgebern erklären sich im Prinzip für die Einrichtung einer „Versicherung gegen Stellenlosigkeit", auch wenn dieselbe einen ziemlich erhebl. jährl. Beitrag bei angemessener Gegenleistung erfordert und zwar von den Gehaltsklassen:												
I. unter *M.* 1000 Jahresgehalt	106	14.1	9	33.–	21	36	113	16.3	34	13	8	32
II. *M.* 1000—1499 . .	200	26.5	12	45.–	4	7	144	20.8	76	28	1	4
III. *M.* 1500—2000 . .	86	11.4	4	15.–	—	—	81	11.7	47	17	—	—
IV. über *M.* 2000 . .	50	6.6	—	—	—	—	35	5.–	59	22	—	—
V. etabliert gewesene .	8	1.–	—	—	—	—	6	0.9	—	—	—	—
b) V. d. Antwortgebern erschien „Unterstützung bei Stellenlosigkeit", deren Gewährung von Fall zu Fall durch den Vereins-Vorstand nach Prüfung d. Antrags zu beschließen ist, angemessener und wünschenswerter und zwar nach den Gehaltsklassen:												
I. unter *M.* 1000 Jahresgehalt	63	8.4	1	3.5	13	22	47	6.8	9	3	10	40
II. *M.* 1000—1499 . .	87	11.6	1	3.5	—	—	87	12.5	7	2	1	4
III. *M.* 1500 - 2000 . .	29	3.8	—	—	—	—	43	6.2	5	2	—	—
IV. über *M.* 2000 . . .	18	2.4	—	—	—	—	22	3.2	10	4	—	—
V. etabliert gewesene . .	—	—	—	—	1	2	1	0.1	—	—	—	—
17. Von den Antwortgebern ließen die Fragen 16a und 16b unentschieden	68	9.–	—	—	19	33	73	10.5	20	7	5	20
18. Von d. Antwortgebern stimmten gleichzeitig für „Versicherung" und für „Unterstützung" durch Bejahung sowohl der Frage 16a als der Frage 16b	39	5.2	—	—	—	—	42	6.0	5	2	—	—
Sa.:	754	100.–	27	100.–	58	100	694	100.–	272	100	25	100

Vermutung jeder Beweis fehlt. Wenn man sich auf Vermutungen überhaupt einlassen will, so ist es wahrscheinlicher, daß sich die Stellenlosen, denen die Not auf die Nägel brennt, vollzählig zur Antwortgebung gedrängt haben.

Aus gleichem Grunde erscheint es mir unzutreffend, nach dem Vorgehen Oldenbergs aus 1519 ausgebliebenen Frageblättern gemäß dem Verhältnisse der stellenlosen Antwortgeber zur Gesamtzahl derselben auf weitere Stellenlose zu schließen, zumal aus dem vorliegenden Material konstatiert werden konnte, daß viele Befragte der Ansicht waren, die Sache würde sich auf sie „weil in Stellung befindlich“, nicht beziehen.

Wenn man aber auch zugibt, daß hie und da stellenlose Vereinsmitglieder unberücksichtigt geblieben sind, so ist andrerseits hervorzuheben, daß die allerdings kleine Zahl der wohl meist schiffbrüchig gewordenen etabliert gewesenen Kaufleute und 111 Nichtvereinsmitglieder (s. Uebersicht S. 25) unter obigen 754 Stellenlosen mitgezählt sind. Ob diese beiden nach entgegengesetzter Richtung wirkenden Momente sich ausgleichen, ist zwar unbekannt, in den folgenden Erörterungen wird jedoch 754 als die Gesamtzahl der stellenlosen Vereinsmitglieder verwertet werden, da die Erhebungen faktisch nichts anderes ergeben haben.

Von 49532 Vereinsmitgliedern (vgl. Tabelle I) wären hiernach nur 1,52 % bezw. 1,30 % stellenlos gewesen, je nachdem man die Nichtvereinsmitglieder bei den Stellenlosen mitzählt oder nicht (Wien 1,57 %, Berlin 2,32 %). Eine genaue Bestimmung der Zahl der Stellenlosen wird erst dann möglich sein, wenn sämtliche Vereinsmitglieder zur Enquête beigezogen werden. Bis dahin bleibt aber die von Herrn M. L. in Nr. 152 der kaufmännischen Presse ausgesprochene Vermutung, daß sich bei vollständiger Befragung ein „viel düstereres Bild“ ergeben haben würde, dessen eigene Ansicht.

Wenn auch nur annähernd die Prozentziffer festgestellt ist, so ist es mit Rücksicht auf die erwähnte Schwarzseherei und die Verhältnisse in anderen Berufen — die Buchdrucker zählten z. B. 10 % Stellenlose — doch eine erfreuliche Thatsache, daß nur 1,3 % stellenlose Vereinsmitglieder nachgewiesen werden konnten.

Die vorerwähnten 111 stellenlosen Nichtvereinsmitglieder, welche nur als Stellenbewerber aufgetreten sind, verteilen sich nach folgender Uebersicht über die kaufmännischen Vereine:

Vereinsort	Stellenlose Antwortgeber	Stellenlose Nichtvereinsmitglieder	%	Aufnahmsgebühr	Jahresbeitrag der Mitglieder: einheimischen	Jahresbeitrag der Mitglieder: auswärtigen	Stellenvermittelungsgebühr für Nichtmitglieder*): zur Vormerkung	Stellenvermittelungsgebühr für Nichtmitglieder*): nach Ermittelung
Augsburg . .	14	7	50	2	10	3	1.—	10
Cassel . . .	2	2	100	3	9	9	3.—	10
Cöln	24	12	50	2	12	12	4.—	12
Frankfurt a. M. . .	359	41	11	0	10	5	2.50	15
Mannheim .	97	37	38	3	12	6	1.50	12***)
München . .	23	3	13	3	12	3	1.—	12
Pforzheim . .	11	6	55	3	20	10	2.50	15
Würzburg . .	7	4	60	2	6**)	6	1.—	5
Zwickau .	4	2	50	3	8	4	1.—	11

Eigentlich wurden 115 Nichtvereinsmitglieder gezählt. Nachträglich mußten ausgeschieden werden: ein Frageblatt, in welchem die betr. Frage mit einem Striche beantwortet war, infolge direkter Mitteilung des Vereines (Elberfeld), daß die Stellenvermittelung nur für Vereinsmitglieder besorgt werde, und drei Fragebblätter, die doppelt (vgl. Seite 18) eingelaufen waren und in der vorstehenden Uebersicht mitgezählt sind.

Ein Vergleich der Prozentziffer der stellenlosen Nichtvereinsmitglieder mit den Stellenvermittelungsgebühren und Mitgliederbeiträgen†) ergiebt spez. für Frankfurt, daß die Stellenbewerber bei niederen Mitgliederbeiträgen von vornherein als Mitglieder beizu-

*) Mitglieder benützen die Vermittelung kostenlos, ausgenommen Pforzheim, wo dieselben Mk. 1.50 für Vormerkung zu entrichten haben.

**) Bei Teilnahme an der Krankenkasse ist der Beitrag Mk. 15.—, bezw. Mk. 12.—, je nachdem das Mitglied zur Krankenversicherung gesetzlich verpflichtet ist oder nicht.

***) Für den Platz Mannheim selbst Mk. 15.—.

†) Bedauerlicher Weise unterlassen es die meisten kaufm. Vereine in ihren Jahresberichten zu erwähnen, welche Mitgliederbeiträge und Aufnahms-, Stellenvermittelungs- 2c. Gebühren erhoben werden.

treten pflegen. Den Doppelblättern war zu entnehmen, daß ein Stellenloser bei Augsburg am 26. Oktober als Nichtvereinsmitglied und bei Frankfurt am 10. November als Mitglied dieses Vereines sich um eine Stellung bewarb.

Die Gehilfen in Stellung.

Hinsichtlich der in Stellung befindlichen Gehilfen rechtfertigt neben der Thatsache, daß die Antwortgeber mit den Stellenbewerbern identisch sind, vor Allem das bei dem Hamburger Verein durchgeführte Verfahren der Frageblätter-Verteilung die Annahme, daß ein großer Teil in gekündigter Stellung stand oder wenigstens die Kündigung beabsichtigte. Es ist jedoch nur bei 52 Antwortgebern aus dem Frageblatt direkt ersichtlich, daß die Stellung gekündigt war, 234 Gehilfen geben auf die Frage „Seit wann in der jetzigen Stellung" und „Von wem wurde gekündigt" keine Antwort. Die Uebrigen waren erst so kurz in der gegenwärtigen Stellung, daß die betreffende Antwort wohl auf die frühere Stellung Bezug hat.

Mitglied bei mehreren Vereinen.

Von den deutschen Antwortgebern sind 20% der a. St. und 23% der i. St. Mitglied bei mehreren Vereinen und 19% der a. St. und 31% der i. St. haben sich bei mehreren Vereinen gleichzeitig als Bewerber gemeldet. Die höhere Prozentziffer bei den i. St. läßt die Vermutung zu, daß hier ein Teil der sogen. Stellenwechsler zu suchen ist, welche die Stellenvermittelung zur Erreichung ihrer Absicht zu verwerten wissen; von dem Verbandsvorstand wurde mir mitgeteilt, daß nach seiner Erfahrung die Leute a. St. häufig energieloser sind, außerhalb der Vereine stehen und Kosten sparen.

Eine passende Kontrolle zu diesen Daten hätte noch eine Frage 1c geliefert „An welche Vereine haben Sie überdies solche Frageblätter eingeschickt."

Dauer der Stellenlosigkeit.

Nach Nr. 4 der Haupttabelle sind 43 bezw. 45% der deutschen Antwortgeber erst seit 1 Monat stellenlos, während die höchste

Prozentziffer des Wiener Vereins, d. i. 52%, in der Rubrik der seit länger als 3 Monaten Stellenlosen erscheint. Ebenso überwiegt nach Nr. 15a der gleichen Tabelle der Wiener Verein mit 37 bezw. 26% in der Rubrik derjenigen, welche früher schon längere Zeit stellenlos waren. Ob dieses auffallende Ergebnis in der Qualität der Handlungsgehilfen oder in der wirtschaftlichen Konjunktur Oesterreichs begründet ist, wäre erst festzustellen; es könnte sich dadurch erklären lassen, daß es sich hierbei um Leute handelt, die vielleicht gar nicht ungern stellenlos werden; mit dieser Erklärung würde wenigstens die überwiegende Prozentziffer derjenigen im Einklang stehen, welche ein Stellenoffert ablehnten.

Unter den deutschen Vereinen zeigt nur der Hamburger Verein eine stärkere Besetzung der Rubrik „Seit länger als 3 Monaten stellenlos“, eine Thatsache, die mit Rücksicht auf die gegenüber den übrigen Gruppen unverhältnismäßig große lokale Beteiligung der Hamburger Vereinsmitglieder an der Enquête wohl auf die Folgen der Cholera zurückzuführen ist, die im Jahre 1892 daselbst gewütet hat.

Bei dem Frankfurter und den übrigen Vereinen überwiegt die Zahl derjenigen, welche erst seit kurzer Zeit stellenlos waren.

Die Dauer der Stellenlosigkeit ist neben der Anzahl der Stellenlosen das wichtigste Moment, das bei einem versicherungstechnischen Gutachten zu verwerten ist. Eine genaue Enquête müßte daher jedes Vereinsmitglied befragen, wenn es zuerst in Stellung trat, wie oft es seitdem stellenlos war (unter Angabe der Zeit) und wie lange die Stellenlosigkeit jedesmal dauerte. Nur so ließe sich feststellen, wie groß die durchschnittliche Stellenlosigkeit des Einzelnen ist.

Wenn für die übrige Jahreszeit ein ähnliches Verhältnis der Stellenlosigkeit angenommen wird, wie für die untersuchten Monate und ein etwaiger Ausfall von nicht berücksichtigten stellenlosen Vereinsmitgliedern durch die 111 Nichtvereinsmitglieder als kompensiert gedacht wird, so würden nach einer groben Durchschnittsrechnung für die 49532 Vereinsmitglieder **jährlich pro Kopf ca. 6 Tage Stellenlosigkeit** in Aussicht stehen. (Für Wien analog ca. 9, für Berlin ca. 2 Tage.)

Da die Anzahl derjenigen, welche ein Stellenangebot abgelehnt haben, nicht unbedeutend ist, so würden die Verhältnisse der Stellenlosen nicht zu ungünstig erscheinen, solange nicht durch Erhebungen über die Subsistenzmittel derselben das Gegenteil dargethan würde.

Weil aber eine Nachforschung über Subsistenzmittel zu weit in die Privatverhältnisse des Einzelnen eingegriffen und eine wohl nicht ganz wahrheitsgetreue Antwort provoziert hätte, hielt es die Verbandsleitung für angebracht, eine Frage nach dieser Richtung hin zu unterlassen.

Ebenso unterblieb die Frage nach der Arbeitszeit und ihre Begleiterscheinungen, um die Antwortgeber nicht mit Fragen zu überbürden, sowie die Frage nach den Krankheitstagen, da einerseits erfahrungsgemäß kein tüchtiger Gehilfe wegen kurzer Krankheitsdauer entlassen wird und die Krankheit nur da als Vorwand zur Kündigung dient, wo der Prinzipal den Gehilfen wegen geringer Brauchbarkeit oder wegen Geschäftseinschränkung los sein möchte, die wahrscheinliche Dauer der Krankheit andrerseits schon durch mannigfaltige statistische Erhebungen bekannt ist.

Beruf.

Aus dem Abschnitt unter Nr. 2 der Haupttabelle ist ersichtlich, daß die größte Zahl der Stellenlosen zu den Komptoiristen gehört. Da aber die Vereine überwiegend von Komptoiristen gebildet werden, so ist das selbstverständlich. Schlußfolgerungen nach dieser Richtung, sowie die Annahme allgemeiner erhöhter Nachfrage nach Reisenden und Verkäufern, dürfte nicht berechtigt erscheinen, solange nicht für alle Berufsarten die Zahl der Vereinsmitglieder und die zugehörige Prozentziffer der Stellenlosen und Stellenwechsler bekannt ist.

Daß eine auffallend große Zahl mehrere der fraglichen Aufgaben gleichzeitig erfüllt, entspricht der Thatsache, daß in den kleineren Geschäften an den Kommis vielseitige Anforderungen gestellt werden und liefert den Beweis, daß noch eine große Zahl der Gehilfen die vielseitige Thätigkeit vor der Etablierung liebt.

Folgende Zusammenstellung zeigt, wie sich die mehrseitig Verwendeten in den einzelnen Gruppen verteilen:

Sitz des Vereins	außer Stellung			in Stellung			Bemerkungen
	Antwortgeber	Mehrseitig Verwendete	%	Antwortgeber	Mehrseitig Verwendete	%	
Frankfurt a. M. . .	356	85	24	426	122	28	Die Doppelblätter sind nur berücksichtigt, soweit sie in ein und demselben Verein erschienen.
Hamburg . . .	227	27	12	49	5	10	
diverse*) . .	206	39	19	249	54	22	
Wien	27	3	11	272	21	8	
Berlin, H. f. weibl. Ang.	58	3	5	25	—	—	

Das weibliche Personal ist mit der niedersten Prozentziffer vertreten, was ganz der Gepflogenheit entspricht, sich kurze Zeit auf die Erlernung eines Spezialberufs zu werfen und dann mit Gehaltsansprüchen aufzutreten, die in dem 91er Jahresbericht des Berliner Vereins von dem weiblichen Personal selbst als nicht berechtigt geschildert sind.

Hamburg und Wien liefern in beiden Rubriken der a. und i. St. die niedrigste Prozentziffer, stehen mithin, falls unter der Gesamtheit der Vereinsmitglieder ein ähnliches Verhältnis wie unter den bei der Enquête Beteiligten angenommen werden darf, in der Entwicklungsstufe den anderen Vereinen voran; denn mit der stetig fortschreitenden, zum Großbetriebe hinneigenden Entwickelung des Handels und der dadurch bedingten Erweiterung der Arbeitsteilung wird die Kategorie der mehrseitig verwendeten Gehilfen immer mehr reduziert.

In den höheren Altern tritt nach den oben erwähnten Spezialtabellen der Komptoiristenstand bei den Stellenlosen noch mehr, als bei der Gesamtheit der Antwortgeber in den Vordergrund. Hieraus möchte ich aber nicht den Schluß ziehen, daß dieser Stand mehr wie ein anderer im höheren Alter zur Stellenlosigkeit hinneigt, sondern ich vermute, daß die Komptoiristen, denen sich weniger Gelegenheit zur Etablierung bietet, wie z. B. dem Reisenden oder Verkäufer, überhaupt mehr alte gediente Leute aufweisen und

*) Vgl. Tafel I.

sich zu einem eigenen Stand entwickelt haben. Zeichen hiefür sind außer Anderem z. B. der Bankbeamtenverein in Berlin.

Alter und Gehalt.

Die Mehrzahl der Antwortgeber sind laut Nr. 5 der Haupttabelle junge Leute, welche laut Nr. 6 gleichen Ortes einen Gehalt*) von Mk. 1000—1500 beziehen. Das Hauptkontingent dieser Klasse liefert der Frankfurter Verein und wird hierin nur noch von „Berlin" übertroffen, wo die niederste Alters- und Gehaltsklasse fast ausschließlich vertreten ist und in Folge dessen die Vermutung auf Hungerlöhne bei dem Gros der Gehilfinnen nahe liegt, da dieser Verein wohl nur die Intelligenteren und Bessergestellten umfaßt. (Vergl. Seite 41.)

Wien „i. St." zeigt eine auffallend stärkere Besetzung der höheren Alters- und Gehaltsklassen.

So erwünscht auch eine nähere Bestimmung des Durchschnittsgehaltes der Handlungsgehilfen wäre, so wird es sich doch nicht empfehlen, für die Wiederherstellung der Enquête eine direkte Nachfrage nach dem Gehalt anzustellen, da nach Mitteilung des Verbandsvorstandes zu befürchten wäre, daß vielfach Antworten verweigert würden, indem die Gehilfen gegen genaue Gehaltsangaben Abneigung zeigten, die auch durch Belehrung über die zu erwartenden Vorteile nicht beseitigt werden könnte. Eher würde noch die Aufstellung einer mehr geteilten Skala Erfolg versprechen.

So lange ein Durchschnittsgehalt nicht bekannt ist, sei Mk. 1200 als Mittel angenommen, das nach der Ansicht verschiedener in der Praxis stehenden Männer annähernd das Richtige treffen dürfte. Bei Beurteilung der Gehaltsverhältnisse wird zu berücksichtigen sein, daß der Handlungsgehilfe für seine Ausbildung weit geringere Unkosten zu tragen hat als z. B. der Staatsbeamte, sowie daß derselbe verhältnismäßig früh erwerbsfähig wird.

Kündigungsfrist.

Durch Nr. 7 der Haupttabelle ist die erfreuliche Thatsache bestätigt, daß die gesetzliche Kündigungsfrist vorherrscht. Eine

*) Vgl. Anl. A sub Ziff. 6: „Freie Station ist hierbei in baar abzuschätzen."

Aenderung dieses Bildes ist nach meinen Spezialtabellen für die einzelnen oben genannten 5 Gruppen nicht zu konstatieren.

Die kurzen Kündigungsfristen sind durch 6,4 bezw. 17,5% der a. St. und durch 2,4 bezw. 8,4% der i. St. vertreten. Wenn ich nun annehme, daß die Kündigungsfrist der Befähigung des Gehilfen direkt proportional ist, so komme ich zu dem allerdings nicht überraschenden Schluß, daß der minder Qualifizierte in der Veranlagung zur Stellenlosigkeit seine übrigen Berufsgenossen übertrifft.

Das weibliche Personal stellt zu der Rubrik „14 Tage und darunter“ 57 bezw. 56% seiner Antwortgeber. Dies im Zusammenhalt mit dem vorher erwähnten Umstand, daß die Ueberzahl der weiblichen Angestellten in der niedersten Gehaltsklasse figuriert, zeigt, wie wenig sich noch das Weib der männlichen Arbeitskraft gegenüber emporgearbeitet hat.

Schlimmer noch als die letzterwähnten Verhältnisse pflegte man bisher die sogenannte Lehrlingszüchterei zu schildern. Nach den vorliegenden Resultaten hat aber dieses Unwesen im Handelsgewerbe nicht den Umfang, wie befürchtet wurde. Ein Vergleich der an sich niederen Prozentziffern 5% der a. St. bezw. 1,6% der i. St., welche sofort nach Beendigung der Lehrzeit der Stellenlosigkeit verfielen, könnte vielmehr den Beweis erbringen, daß der Grund der Stellenlosigkeit in den Leuten selbst zu suchen wäre, die während der Lehrzeit als unbrauchbar erkannt und baldmöglichst abgelegt worden zu sein scheinen.

Kündigung.

Die Entlassung ohne Kündigung spielt keine Rolle. Bei der Mehrzahl wurde erfreulicherweise die Kündigungszeit ausgehalten. Daß die Kündigung in 60 bezw. 48% der Fälle und in ähnlichem Verhältnis bei Wien und Berlin von den Gehilfen bewirkt wurde, bestätigt die Behauptung eines Antwortgebers „Die meisten Stellenlosen tragen selbst die Schuld“ und läßt sich durch das Streben nach Verbesserung des Gehaltes und Erweiterung der Kenntnisse erklären.

Hinsichtlich des Kündigungsgrundes verteilen sich die höheren Prozentziffern bei den a. St. auf „Reduktion des Geschäftspersonals“

mit 11,4%, auf „Krankheit“ mit 12,5%, auf „Meinungsdifferenz“ (worunter natürlich eine große Zahl der eigentlich zu der Gruppe „nicht geeignet“ Gehörigen steht, indem der Prinzipal und der Gehilfe hierüber eben verschiedener Meinungen waren) mit 17%, auf „Militärdienst“ mit 23,8% und auf „Angabe fehlt“ mit 4%; bei den i. St. auf „mehr Gehalt“ mit 12,5%, auf „mehr Kenntnisse“ mit 16,7%, auf „Militärdienst“ mit 4,8% und auf „Angabe fehlt“ mit 28,5%.

Der Stellenlose führt hiernach überwiegend Gründe an, die ihn von Schuld entlasten und ist um eine geeignete Begründung selten verlegen, da nur bei 4% die Angabe fehlt, er gibt es also nicht gerne zu, daß er aus purer Veränderungslust ausgetreten ist, während der in Stellung befindliche Gehilfe die Vermehrung der Kenntnisse und des Gehaltes mit Vorliebe vorschützt und, wie aus den ominösen 28,5% „Angabe fehlt“ zu entnehmen ist, oft keinen Grund zum Stellenwechsel angeben zu können scheint. Diese Leute, welche leichtsinnig kündigen, bevor sie einen Ersatz haben, gehören zu der Kategorie der an der Stellenlosigkeit selbst Schuldtragenden, nach deren Absonderung noch der Teil der unverschuldet Stellenlosen verbleibt, für den durch ein Recht auf Unterstützung, durch die Versicherung gegen Stellenlosigkeit, Sorge zu tragen eine dankbare Aufgabe für die Vereine sein wird.

Ein Blick auf die Haupttabelle lehrt, daß vorstehende Schilderung für den Wiener und Berliner Verein keine wesentliche Aenderung erleidet.

Es mag hier nicht unerwähnt bleiben, daß eine weitere Rubrik im Frageblatt für mehrere Gründe die gleichartige Thätigkeit der Vereine bei einer wiederholten Enquête wesentlich fördern würde.

Bei allen bisher besprochenen Punkten war mein Augenmerk besonders darauf gerichtet, ob sich in den verschiedenen Alters- und Gehaltsklassen ein Resultat konstatieren lasse, das sich von dem schon allgemein Erwähnten in auffallender Weise unterscheiden würde. Die höheren Alters- und Gehaltsklassen waren jedoch bei den weiteren Unterabteilungen so spärlich besetzt, daß es mir gewagt erschien, aus diesen kleinen Zahlen einen anderen Schluß zu ziehen, als den, daß der Altersaufbau der Antwortgeber dem der Gehilfenschaft nicht entspricht.

Ich will nur folgenden, später zu verwertenden Auszug aus den Spezialtabellen hierhersetzen, welcher die Kündigungsgründe für die Altersgruppe „über 40 Jahre" beleuchten soll. Die selten oder gar nicht vorkommenden Gründe sind hierbei weggelassen.

Name des Vereins	außer Stellung				in Stelluug			
	Zahl der Antwortgeber über 40 Jahre*)	Geschäfts-veränderung (a, b u. c der Nr. 13)	Krankheit	Meinungs-differenz	Zahl der Antwortgeber über 40 Jahre	Geschäfts-veränderung	Krankheit	Meinungs-differenz
Frankfurt . .	5	1	1	2	8	3	—	2
Hamburg . .	6	2	1	2	—	—	—	—
diverse . .	12	4	1	1	6	1 (4 ohne Ang.)		
Wien	2	1	—	—	25**)	8	—	2
Berlin (weiblich) .	1	1	—	—	1 (Familienverhältn.)			

Wir sehen hieraus, daß der für die Jugend eigentümliche Grund, welcher unter Nr. 13 g (Erweiterung der Kenntnisse ꝛc.) der Haupttabelle zusammengefaßt ist, für das reifere Alter keine Rolle mehr spielt, während die am Kopfe der Uebersicht aufgeführten Kündigungsgründe besonders hervortreten.

Die Ladengehilfen oder Verkäufer.

Außerdem sei auch noch eine Bemerkung über die Verkäufer und diejenigen mit mehreren Berufsarten eingeschaltet, welche unter Anderem auch als Verkäufer fungieren. Die Gruppen diverse, Wien und Berlin, sind hier nur schwach besetzt, weshalb sich folgende Zusammenstellung auf die Ergebnisse aus dem Frankfurter und Hamburger Verein beschränkt.

---

*) Darunter 2 „Doppelblätter", cf. Haupttabelle.

**) 11 ohne Angabe.

Gehaltsgruppen	Frankfurt a. M.				Hamburg			
	Verkäufer		Verkäuf. mit noch anderweitiger Beschäftigung		Verkäufer		Verkäuf. mit noch anderweitiger Beschäftigung	
	a. St.	i. St.	a. St.	i. St.	a. St.	i. St.	a. St.	i. St.
unter Mk. 1000 .	23	19	18	23	10	3	2	—
Mk. 1000—1499 . .	8	6	18	26	12	5	—	1
Mk. 1500—2000 . .	2	4	2	2	3	1	2	—
Angabe fehlt	—	—	—	6	—	—	—	—
Summe der „unter 25 Jahren" .	33	29	38	57	25	9	4	1
Gesamtsumme d. Antwortgeber . . .	43	35	42	63	31	11	5	1

Die Verhältnisse, auf die oben bezüglich der Gesamtzahl der Antwortgeber hingewiesen wurde, treten hier noch auffallender zu Tage. Die Verkäufer sind fast ausschließlich junge Leute, wie ein Vergleich der beiden letzten Horizontalreihen zeigt. Die Gehaltsverhältnisse scheinen im Hamburger Verein günstiger gelagert zu sein als im Frankfurter Verein, was teils durch die Platzverhältnisse des Vereinsortes, teils durch die verschiedenartige Auswahl der Mitglieder zu erklären ist. Auffallend ist das Zurücktreten der mehrseitigen Beschäftigung im Hamburger Verein*): 42 Spezialisten stehen 6 Verkäufer mit noch anderweitiger Beschäftigung gegenüber (von den Stellenlosen im Orte Hamburg sind 10 Verkäufer und 1 Lagerist und Verkäufer), während der Frankfurter Verein 78 Spezialisten und 105 Verkäufer mit noch anderweitiger Beschäftigung aufweist (von den Stellenlosen im Orte Frankfurt sind 3 Verkäufer, 1 Lagerist und Verkäufer).

Von 88 Verkäufern a. St. bezw. 65 i. St. (vgl. Haupttabelle) haben 43 bezw. 29 gesetzliche Kündigungsfrist,**) 10 bezw. 16

*) S. Seite 29.

**) Nach der Reichsenquête im September und Oktober 1892 haben von 100 männlichen Ladengehilfen 75,1 eine Kündigungsfrist von 6 Wochen und mehr und 11,2 eine Kündigungsfrist von weniger als 4 Wochen.

geben hier keine Antwort. Nach dieser Richtung hin weichen also die Verhältnisse der Verkäufer von dem allgemein gewonnenen Bilde nicht ab. Dagegen tritt in auffallender Weise der Kündigungsgrund „Meinungsverschiedenheit" hervor. Denn von 88 Stellenlosen treffen auf Konkurs 2, Krankheit 11, Meinungsverschiedenheit 23, ohne Angabe 11, während die übrigen Rubriken der Gründe ziemlich gleichmäßig besetzt sind.

Ob sich die Prozentziffer der stellenlosen Verkäufer ungünstiger stellt, als die der übrigen Berufsarten, kann erst dann angegeben werden, wenn eine wiederholte Enquête über sämtliche Vereinsmitglieder einen Vergleich in den einzelnen Berufsarten zuläßt. Die schon genannte Reichsenquête hat zwar bezüglich der Arbeitszeit Mißstände, besonders in Norddeutschland, konstatiert, kam aber bezüglich der Kündigungsfrist zu demselben günstigen Resultate wie vorliegende Enquête. Jedenfalls muß mit Rücksicht darauf, daß die Verkäufer nur den zehnten Teil der Antwortgeber bilden, betont werden, daß es unberechtigt ist, diese Kategorie der Handlungsgehilfen bei jeder Besprechung der allgemeinen Standesfragen in den Vordergrund zu schieben, wie es von anderer Seite beliebt zu werden scheint.

Die Handlungsgehilfin.

Schließlich sei noch ein Blick auf die Verhältnisse der weiblichen Angestellten gerichtet, deren Mitwirkung bei den auf die Hebung des Standes gerichteten Bestrebungen besonders anzuerkennen ist. Schon vor der Verbands-Enquête veranstaltete der kaufmännische und gewerbliche Hilfsverein für weibliche Angestellte in Berlin anfangs 1892 eine Vereins-Enquête,*) bei welcher von 1600 ausgesandten Fragebogen 965 ausgefüllt zurückkamen. 38 % derselben treffen auf Komptoiristinnen, 12 % auf Lageristinnen und 34 % auf Verkäuferinnen. Ferner waren unter 25 Jahren 59 %, 26—30 Jahren 25 %, bezw. über 30 Jahren 16 % der Antwortgeberinnen.

*) Vgl. die für die Weltausstellung in Chicago bestimmte Arbeit des Vereinsvorstandes Julius Meyer: „Die Ausbildung und Stellung der Handlungsgehilfinnen in Berlin."

Bei dem Vergleich dieser Zahlen mit den entsprechenden unserer Haupttabelle ergibt sich zunächst, daß die Stellenlosigkeit ziemlich gleichmäßig in den einzelnen Berufsarten auftritt. Ferner deutet die Altersbesetzung auf eine größere Stellenlosigkeit in den jungen Jahren und die Gehaltsgruppe „unter Mk. 1000" erhält schließlich eine weitere Ergänzung dadurch, daß sich nach der Vereins-Enquête der jährliche Durchschnittsgehalt einer Komptoiristin auf Mk. 360 und der bei den übrigen Berufsarten auf Mk. 240 bis Mk. 300 berechnet.

Die Lage der weiblichen Angestellten erscheint hiernach im Vergleich zu der Lage der männlichen Angestellten wesentlich ungünstiger, die Stellenlosigkeit speziell ist fast doppelt so groß nachgewiesen (vgl. S. 24).

Abstimmung.

Zum Schlusse der Haupttabelle gelangend, kann ich mit Vergnügen auf die ansehnliche Majorität derjenigen hinweisen, welche sich für eine Versicherung gegen Stellenlosigkeit aussprechen.

Aus den zahlreichen, an dieser Stelle des Frageblattes gefundenen Bemerkungen seien hier einige aufgeführt und zwar:

Gegen das Projekt:

„Weil diese Einrichtung sehr große Mittel beanspruchen würde und von arbeitsscheuen und moralisch schwachen Mitgliedern gerade nicht zu ihrem Vorteil oft in Anspruch genommen werden würde."

„Denn sicher würde das nur geeignet sein, das Bummelvolk noch größer zu ziehen, als es ohnehin schon ist."

„Der in Stellung Befindliche muß Zweifel haben, ob er nicht Unwürdige in ihrem Treiben unterstützt."

„Bei der geringsten Veranlassung würde seitens vieler Handlungsgehilfen gekündigt werden, ohne Aussicht auf eine bessere Stellung oder überhaupt eine Stellung."

Für das Projekt:

„Jeder soll im Interesse Aller seine Pflicht thun."

„Fast jeder Handlungsgehilfe kommt in die Lage, hievon Gebrauch zu machen."

„Wenn kürzere, daher ungünstigere Kündigungsfrist als gesetzliche vereinbart ist, halte ich diese Versicherung für sehr am Platz."

Für das Projekt mit Vorschlag über den Jahresbeitrag:

„Möchte nur 5 Mk. zahlen.“

„Die Versicherung muß in Klassen eingeteilt werden, damit sie auch den Kleinen zugute kommt.“

„Erhebliche Beiträge schrecken ab.“

„Jeder Einzelne soll die Höhe der Versicherung selbst fixieren können und die, welche stets in Stellung waren und guten Gehalt beziehen, sollen relativ niedrigere Prämien zahlen als die Leute, die schon stellenlos waren und nicht in die Höhe kamen.“

„Genaue Kontrolle, keine zu hohen Prämien und Zuschüsse seitens der Vereine.“

Diese Bemerkungen geben ein Bild der Stimmung, welche unter den Gehilfen herrscht. Daß ein reges Interesse hieraus gefolgert werden kann, überrascht ebenso wenig, wie die Thatsache, daß die Antwortgeber von den im zweiten Teil zu besprechenden Grundbedingungen der geplanten Versicherung fast keine Kenntnis haben.

IV.

Die Wiederholung der Enquête.

Vorstehend besprochene Enquête hat eine umfangreiche Aussicht auf die sozialen Zustände der zu den kaufmännischen Vereinen gehörigen Handlungsgehilfen eröffnet. Ihr Hauptwert liegt aber in der dabei gewonnenen Erfahrung über das, was man den Handlungsgehilfen und den Vereinen selbst bei der Wiederholung ähnlicher Erhebungen zutrauen darf.

Von 73 Mitgliedern des deutschen Verbandes kaufmännischer Vereine beteiligen sich nur 27, d. i. 37%, welche aber 52,100 Mitglieder, d. i. 63% aller Angehörigen der Verbandsvereine umfassen. Durch die Enquête selbst und durch die Besprechung derselben seitens der Presse wurde schon das allgemeine Interesse geweckt, es dürfte daher von den Vereinen, um deren Wohl es sich doch handelt, eine regere Beteiligung bei einer Wiederholung der Erhebungen zu erwarten sein. Eine solche Wiederholung ist aber nicht blos wünschenswert, weil dieses Mal einige Unzuträglichkeiten unterlaufen sind, die künftighin vermieden werden können, sondern unbedingt notwendig, weil nur aus mehreren Beobachtungen, die vollkommen gelungen sind, eine Regelmäßigkeit festgestellt und die Grundlage für mathematische Berechnungen gewonnen werden kann.

Es wird auch die Frage aufzuwerfen sein, ob diese Wiederholung der Enquête von den einzelnen Vereinen selbständig oder unter der einheitlichen Leitung des Verbandes durchzuführen sein wird.*) Nach Vorstehendem kann hierüber kein Zweifel herrschen. Durch das selbständige Vorgehen der einzelnen Vereine würden sich nur kleine Zahlenergebnisse erzielen lassen, auch die größeren Vereine (Frankfurt und Hamburg) würden seitens der auswärtigen Mitglieder eine weit geringere Beteiligung zu erwarten haben, wenn nicht durch eine allgemeine Agitation das allgemeine Interesse und speziell das der Handlungsgehilfen lebhaft angeregt würde. Wenn ich sonach für die Wiederholung der Enquête durch den Verband plaidiere, so geschieht dies aus dem einzigen, aber ausreichenden Grunde, möglichst große Zahlenergebnisse zu erhalten, damit bei der Wahrscheinlichkeitsberechnung das Gesetz der großen Zahlen zur Geltung komme.

Was ich im Laufe des Vorhergehenden zur Verwertung bei einer zweiten Enquête in Vorschlag gebracht habe, sei nun nochmals kurz in Folgendem zusammengefaßt:

Der Zweck der Enquête muß in der kommenden Zeit bis zu deren Aufnahme in den zur Verfügung stehenden Vereinsblättern, ferner bei jeder passenden Gelegenheit mündlich durch die Mitglieder der Vereinsausschüsse und überdies in möglichst viel gelesenen öffentlichen Blättern wiederholt den Handlungsgehilfen vorgehalten und dabei die Wichtigkeit einer gewissenhaften und ausführlichen Beantwortung betont werden.

Die Redaktion des Fragebogens wird in Erwägung zu ziehen sein.

Zur Vermeidung von Doppelzählungen muß die Enquête an einem Tage veranstaltet werden, wofür ich zur Ermöglichung

*) Etwas anderes ist die Errichtung einer Versicherungskasse. Vgl. S. 61.

eines Vergleiches mit dem vorliegenden Resultat abermals die Herbstzeit vorschlage.*)

Alle Mitglieder, die Gehilfen sind, müssen befragt werden — die Befragung der Prinzipale, welche in dieser Sache nicht weniger interessiert sind, möge einstweilen vorbehalten bleiben.

Die Verteilung der Fragebogen muß von allen Vereinen gleichartig durchgeführt werden und zwar empfiehlt sich, wie die Erfahrungen des Mannheimer Vereins gezeigt haben, die Beilage eines Freikouverts. Um die Kassen der größeren Vereine durch dieses Verfahren nicht zu sehr zu belasten, kann bei dem nächstfälligen Vereinsbeitrag ein Mehr von 10 Pfg. erhoben werden, wogegen sich kein Gehülfe im Hinblicke auf den Zweck sträuben wird. Diese Mehrkosten würden sich sogar auf 3 Pfg. pro Kopf reduzieren, wenn die Beförderung des beantworteten Frageblattes als „offene Drucksache“ von der Postverwaltung genehmigt würde.**)

Die Vereine müssen sofort nach Einlauf der Frageblätter eine peinlich genaue Prüfung derselben vornehmen, etwaige Mängel durch weitere Erhebungen beseitigen und dann mit demselben lobenswerten Fleiße das Material verarbeiten, wie es im Jahre 1892 geschehen ist.

*) Für spätere Erhebungen werden abwechslungsweise andere Jahreszeiten zur Vervollständigung des Bildes zu wählen sein.

**) Der verdiente Verbandsvorstand Herr Edmund Lotz in Coburg hat, wie ich dem Bericht über den Verbandstag in Görlitz entnehme, Mk. 300 zur Verfügung gestellt, welche nach Maßgabe der Beteiligung an der im Herbste zu wiederholenden Enquête unter die Vereine verteilt werden sollen. — Die Interessenten halten zum Teil die Zeit für die fragliche Versicherung noch nicht für gekommen: Will man deshalb die Vorarbeit versäumen?

Zweiter Teil.

V.

Aus den Ergebnissen vorstehend besprochener Enquête ist hervorzuheben, daß die Antworten der Handlungsgehilfen einen vertrauenswürdigen Eindruck machen, daß es also nicht berechtigt erscheint, in der Mehrzahl der Stellenlosen Simulanten zu wittern. Die Gründe, welche die Stellenlosigkeit verursachten, sind überwiegend elementarer Natur, die jedem Handlungsgehilfen ohne Rücksicht auf dessen Befähigung entgegentreten können. Unter den Vereinsmitgliedern erscheint ferner das Lehrlingswesen nicht derart ausgeartet, daß von Lehrlingszüchterei gesprochen werden könnte, überdies ist das Arbeitsangebot kein vorbehaltloses, da eine beträchtliche Anzahl Stellen von den Gehilfen selbst als den Ansprüchen nicht entsprechend zurückgewiesen wurde.

Die richtige Anschauung über die Lage der Handlungsgehilfen wird daher in der Mitte zwischen den beiden in der Einleitung einander gegenübergestellten extremen Standpunkten zu suchen sein.

Die Erkenntnis, daß etwas zur Verbesserung dieser Lage geschehen müsse, ist vorhanden. Die kaufmännischen Vereine bieten ihren Mitgliedern Fortbildungsschulen, Bibliotheken, Musik, Turnen, Spiel, gesellige Abende 2c. von dem rationellen Gedanken ausgehend, daß der Gehilfe moralisch, technisch und wissenschaftlich ein vollkommener Mann zu werden versuchen müsse, um im Stande zu sein, eine Existenz zu gründen, die eines freien Bürgers würdig ist.

Leistungsfähige kaufmännische Vereine haben, noch einen Schritt weiter gehend, Kranken-, Pensions- und Begräbniskassen errichtet. In der gleichen Richtung macht sich hier die Fürsorge des Staates geltend. Wenn auch die Pflicht der Handlungsgehilfen zur Krankenversicherung keine unbedingt gesetzliche, sondern nur eine statutarische,

d. h. eine in das Belieben der Kommunalverbände gestellte ist, so besteht doch in den meisten größeren Städten eine Ortskrankenkasse für die Genannten in Kraft. Zu der Invaliditäts- und Altersversicherung sind die Gehilfen über 16 Jahre mit Gehalt bis zu Mk. 2000 durch das Gesetz sogar verpflichtet.

Die Sicherheit gegen alle Gefahren, welche das Dasein des Gehilfen bedrohen, würde allerdings eine sechsfache Versicherung erheischen: nämlich für Erziehung, Arbeitslosigkeit, Krankheit, Invalidität, Alter und Begräbnis. Von diesen verschiedenen Arten ist die Versicherung für den Fall der Arbeitslosigkeit die Voraussetzung der Wirksamkeit aller übrigen; denn werden bei der Erwerbslosigkeit die Beiträge zu den Versicherungskassen gegen die übrigen Gefahren nicht entrichtet, so gehen die bereits erworbenen Ansprüche wieder verloren. Mit Recht sagt daher auch Schäffle im Handwörterbuch der Staatswissenschaften: „das Bedürfnis für die Versicherung gegen Arbeitslosigkeit — Krisenversicherung — ist nicht minder groß als das gegen Erwerbsunfähigkeit, vielleicht das größere“.

Dieses Versicherungsbedürfnis läßt sich außerdem noch durch den Hinweis darauf begründen, daß zu den Kosten, welche durch den Lohn gedeckt werden müssen, auch der Unterhalt bei Arbeitslosigkeit gehört, die nicht so wie andere Mißstände im Handelsgewerbe, auf dem Wege der Gesetzgebung beschränkt oder beseitigt werden kann.

Obwohl diese Begründung des Bedürfnisses vollständig ausreicht, sei noch darauf hingewiesen, daß eine derartige Versicherung vom Standpunkt des Angestellten aus wünschenswert ist. Dagegen könnte es den Anschein haben, als wenn durch das enge Aneinanderschließen der Gehilfen das Entstehen einer neuen Macht zu befürchten wäre, welche den Arbeitgebern zum Nachteil gereichen würde. Aber abgesehen davon, daß sich das Entstehen dieser Macht, soweit es die Entwickelung eines eigenen Handlungsgehilfenstandes angeht, bei der augenfälligen Hinneigung des Handelsgewerbes zum Großbetrieb nicht mehr aufhalten läßt, werden sich die organisierten Gehilfen weder gegen die von ihnen selbst als notwendig erkannte einheitliche Geschäftsleitung auflehnen, noch den Unternehmergewinn durch erhöhte Ansprüche reduzieren, indem eine infolge geordneter sozialer Verhältnisse bessere Lebenshaltung die Arbeitsleistung steigert. Nach dieser Richtung hin gibt also das Entstehen einer Organisation zu Befürchtungen keinen Anlaß. Wendet sich dieselbe gegen Uebergriffe einzelner Prinzipale, so wird sie von der großen Masse der Arbeitgeber nicht nur nicht bekämpft, sondern sogar unterstützt werden, wie ja thatsächlich alle bisherigen Bestrebungen zu Gunsten der Handlungsgehilfen von selbständigen Kaufleuten geleitet wurden. Bisher pflegte der Prinzipal beim Geschäftsrückgang den Gehilfen mit Rücksicht auf dessen treu geleisteten Dienste oft gegen seinen Vorteil länger zu behalten, in Zukunft könnte er diese Sorge auf die Versicherungskasse abladen.*) Wie ferner die Erkenntnis, daß zufriedene Beamte vorteilhaftere Arbeitskräfte sind, im Großbetrieb (Banken, Bazare) schon zur Errichtung mancher Pensions- und Sterbekasse Veranlassung gab, so wird diese Erwägung auch vorliegender neuer Wohlfahrtsbestrebung fördernd zur Seite stehen.

Nun wird aber verschiedentlich dieser Versicherungsart der Versicherungscharakter abgesprochen,**) weil es sich hier um kein berechenbares Risiko, sondern lediglich um eine gegenseitige Unterstützung handle, welche von Vereinen, wie die englischen trade unions und friendly societies viel wirksamer geleistet wird. Der schweizerische Versicherungstechniker Schärtlein z. B. verlangt, daß die Gefahr nach Umfang und Inhalt genau charakterisiert sei, damit die Pflichten und Rechte der vertragschließenden Parteien festgestellt werden können. Bis hierher gehe ich mit ihm einig. Weiters behauptet derselbe, „auch wenn äußere Verhältnisse den Betriebsunternehmer zu Entlassungen zwingen, so hat er doch die Wahl, den A oder B zu entlassen; möglicherweise gefällt es dem Unternehmer, die Versicherten zu entlassen, weil sie vor Not besser geschützt sind, als die anderen; vielleicht nimmt er mit Rücksicht darauf, daß Versicherung besteht, mehr Entlassungen vor, als er

*) Hieraus könnten die Gehilfen nur dann einen Grund gegen das Projekt ableiten, wenn ihr Korpsgeist auf unentwickelter Stufe stünde.

**) Vgl. Schärtlin, schweiz. Blätter f. Wirtsch.- und Soz.-Politik, Juliheft 1893, und Berghoff-Ising, die neuere sozialistische Bewegung in der Schweiz, Schmoller's Jahrbuch, Heft 4, 1893.

sonst gethan hätte“ und kommt zu dem Schlusse, daß die Arbeitslosigkeit im Allgemeinen die Folge einer willkürlichen Handlung des Arbeitgebers, diese Gefahr also nicht zufällig sei und daher außer dem Bereiche der Versicherung stehe. Demgegenüber möchte ich aber darauf hinweisen, daß die Willkür des Unternehmers außerhalb des Versicherten liegt und für diesen daher dieselbe Rolle spielt, wie irgend ein anderes elementares Ereignis; in Wirklichkeit ist es z. B. für eine Versicherungskasse gleichgiltig, ob sie dem A oder B Unterstützung gewährt, wenn der Geschäftsrückgang einmal die Entlassung eines Gehilfen notwendig gemacht hat.

Nur die Willkür des Versicherten selbst ist für die Versicherung nach dieser Richtung hin von Bedeutung. Wie aber trotz Selbstmord die Lebensversicherung und trotz Brandstiftung die Feuerversicherung entstanden und zu volkswirtschaftlicher Bedeutung gelangt ist, so kann auch diese Willkür des Versicherten selbst wohl Schwierigkeiten bereiten, aber der Bewegung auf diesem Gebiete der Wohlfahrtsbestrebungen nicht Einhalt gebieten.

Weil man da, wo der Wille des Gehilfen bei der Stellenlosigkeit mitspielt, von einem Verschulden desselben sprechen kann, wird meist zwischen unverschuldeter und verschuldeter Stellenlosigkeit unterschieden. Unter der ersteren versteht man die Stellenlosigkeit wegen Krankheit, Invalidität, Alter und mangelnder Nachfrage nach Arbeit, unter der zweiten die wegen Mangels an Uebereinstimmung des Prinzipals und Gehilfen über die Arbeitsbedingungen besonders in dem Fall, in welchem die Kündigung von dem Gehilfen ausging. Zu der verschuldeten Stellenlosigkeit wird auch diejenige gerechnet, welche auf die durch Faulheit und reine Veränderungslust verursachte Kündigung erfolgt. Für die Stellenlosigkeit infolge Krankheit, Invalidität und Alter ist von Reichswegen bereits Fürsorge getroffen; bei Stellenlosigkeit wegen mangelnder Nachfrage pflegt man ebenfalls zur Hilfe bereit zu sein, obwohl nur selten bei bedingungslosem Arbeitsangebot eine Stellenlosigkeit wegen der Unmöglichkeit, eine Beschäftigung zu erlangen, eintreten würde, Schuld und Unschuld in obigem Sinne daher oft nicht unterschieden werden kann. Außerdem vermag es der Veränderungslustige in seinem Benehmen so einzurichten, daß er, ohne selbst zu kündigen, die Entlassung durch den Prinzipal erreicht und „unverschuldet“ stellenlos erscheint.

Der Willkür des Versicherten ist ferner das Verhalten während der Stellenlosigkeit unterworfen, indem die Bemühung um eine Stelle oder die Annahme eines Stellenangebots von dem Belieben des Einzelnen abhängig ist.

Das Risiko der Stellenlosigkeit scheide ich also in zwei Teile: Alle außerhalb des Gehilfen liegenden Momente, welche die Stellenlosigkeit beeinflussen und als elementare Ereignisse zu betrachten sind, können statistisch festgelegt und als Versicherungsobjekt behandelt werden: die Willkür des Versicherten selbst, die infolge der Unmöglichkeit einer sicheren Kontrolle große Schwierigkeiten bietet, soll durch eine noch zu besprechende Organisation bekämpft werden. Da das eine von dem andern nicht getrennt werden kann, ist die Bezeichnung „Versicherung gegen Stellenlosigkeit“, wie schon einleitend bemerkt, nicht ganz zutreffend, wenn auch in der Welt der sittlichen Thatsachen das Gesetz der großen Zahlen eine Rolle spielt.

VI.

Wenn die statistischen Beobachtungen über das Risiko der Stellenlosigkeit unter den Handlungsgehilfen ausreichend vorhanden wären, so könnten die Leistung und Gegenleistung der vertragschließenden Parteien in folgender Weise berechnet werden:

Angenommen, ein Gehilfenverein sei hinsichtlich seiner Mitgliederzahl im Beharrungszustand, die Sterblichkeit der Gehilfen decke sich mit einer schon bekannten Sterblichkeitstafel und die wahrscheinliche Dauer der Stellenlosigkeit sei für alle Altersjahre bekannt.

l_x sei die Anzahl derjenigen Gehilfen im Alter x, welche je einen einmaligen Beitrag C_x an eine Versicherungskasse entrichten wollen, um im Falle der Stellenlosigkeit eine tägliche Rente 1.— zu beziehen; von diesen l_x leben im folgenden Jahre noch l_{x+1}, im dritten l_{x+2} 2c.

Die wahrscheinliche Dauer der Stellenlosigkeit in den gleichen Altern sei d_x, d_{x+1}, d_{x+2} 2c. . . . Tage für einen Gehilfen.

Die Gehilfen erhalten dann

im ersten Jahre l_x d_x Rente,

„ zweiten „ l_{x+1} d_{x+1} „

„ dritten „ l_{x+2} d_{x+2} „ ꝛc.

Wenn die Auszahlung der Rente bei Stellenlosigkeit durchschnittlich in der Mitte des Jahres erfolgt, so ergibt sich als gegenwärtiger Wert sämtlicher Renten

$$l_x d_x \rho^{1/2} + l_{x+1} d_{x+1} \rho^{3/2} + l_{x+2} d_{x+2} \rho^{5/2} + \ldots\ldots,$$

worin ρ den Diskontierungsfaktor bedeutet.

Die Versicherungskasse andererseits erhält im Ganzen $l_x C_x$.

Durch Gleichsetzung von Leistung und Gegenleistung ergibt sich die Gleichung:

$$l_x C_x = \rho^{1/2} [l_x d_x + l_{x+1} d_{x+1} \rho + l_{x+2} d_{x+2} \rho^2 + \ldots]$$

Bezeichnet man nun $l_x \rho^x$ mit v_x, so erhält man für den gesuchten einmaligen Beitrag

$$C_x = \frac{\rho^{1/2}}{v_x} [v_x d_x + v_{x+1} d_{x+1} + v_{x+2} d_{x+2} + \ldots]$$

$$= \rho^{1/2} \frac{\Sigma v_x d_x}{v_x},$$ worin sich das Summenzeichen über alle v_x und d_x bis zum Schlusse erstreckt.

Für die Berechnung von jährlichen Beiträgen ($= p_x$) unter den gleichen Ansprüchen an die Versicherungskasse wie oben ändert sich die Leistung der Kasse nicht; dagegen zahlen

l_x am Anfang des 1. Jahres $l_x p_x$

l_{x+1} „ „ „ 2. „ $l_{x+1} p_x$

l_{x+2} „ „ „ 3. „ $l_{x+2} p_x$ ꝛc.

Der Barwert sämtlicher Jahresbeiträge

$$= l_x p_x + l_{x+1} p_x \rho + l_{x+2} p_x \rho^2 + \ldots.$$

Unter Gleichsetzung von Leistung und Gegenleistung ergibt sich die Gleichung:

$$p_x [l_x + l_{x+1} \rho + l_{x+2} \rho^2 + \ldots] = \rho^{1/2} [l_x d_x + l_{x+1} d_{x+1} \rho + \ldots],$$

woraus sich $p_x = \rho^{1/2} \frac{\Sigma v_x d_x}{\Sigma v_x}$ berechnet.

In den Formeln für den einmaligen und jährlichen Beitrag stehen auf der rechten Seite nur bekannte Größen, sobald das Risiko der Stellenlosigkeit statistisch festgelegt ist.

Solange man auf die näherungsweise Berechnung der Beiträge angewiesen, wird aber von dem Einfluß des Alters auf die Stellenlosigkeit abzusehen sein.

Als man auf Grund von statistischen Erhebungen die Unfallwahrscheinlichkeit vom Alter fast unabhängig fand, stellte man zur Erklärung hiefür der Behendigkeit der Jugend die Vorsicht des Alters als Aequivalent gegenüber. Wenn ich zur Ermöglichung einer ähnlichen Schlußfolgerung die Ursachen der Stellenlosigkeit hinsichtlich ihrer Beziehung zum Alter betrachte, so kann ich eine solche Relation für die Reduktion des Personals, die Auflösung des Geschäftes und den Konkurs nicht finden. Dagegen dürften die unter g der Haupttabelle des I. Teiles aufgeführten Gründe „um die Kenntnisse zu vermehren" ꝛc. hauptsächlich für die Jugend zutreffen, während die Erkrankung in Folge der mit dem Alter wachsenden Wahrscheinlichkeit krank zu werden und die Meinungsdifferenz infolge der auf praktischer Erfahrung beruhenden Selbstständigkeit und des in dem Alter allein gegebenen Momentes für die älteren Handlungsgehilfen überwiegend in Frage kommt (vergl. Seite 33.)

Berücksichtigt man ferner, daß in der Praxis Vereine, in welchen alle Mitglieder die Verantwortlichkeit für die Erfüllung der durch Vereinsstatut übernommenen Verbindlichkeit gemeinsam tragen, an Stelle der für jedes einzelne Alter berechneten Beiträge einen Durchschnittsbeitrag für Sterbe-, Pensionskassen ꝛc. zu erheben pflegen, so erscheint es nicht unbillig, wenn die kaufmännischen Vereine mit einem Durchschnittsbeitrag, dessen Korrektur auf Grund der zu gewinnenden Erfahrung vorzubehalten wäre, den Anfang einer Versicherung gegen Stellenlosigkeit machen, zumal sich auch andere Versicherungszweige bei der Gründung mit einer rohen Schätzung von Leistung und Gegenleistung begnügen mußten und die deutschen Lebensversicherungsanstalten z. B. erst nach fast hundertjährigem segensreichen Wirken ihre eigene Erfahrung zur Korrektur der Sterblichkeitstafel verwertet haben.

Wenn nun ohne Rücksicht auf das Alter von n Gehilfen in einem Jahre x stellenlos werden und zwar jeder im Durchschnitt y Tage, so ist die Gesamtzahl der Tage der Stellenlosigkeit xy, trifft also auf einen der n Gehilfen $d = \frac{xy}{n}$ Tage, d. h. jeder Gehilfe hat die Aussicht, in einem Jahre d Tage stellenlos zu sein.

Bei einer Tagesrente 1.— beträgt dann die Summe der sämtlichen Stellenlosigkeitsrenten $= nd$ (Leistung der Versicherungskasse). Wenn ferner jeder Gehilfe einen Jahresbeitrag $= p$ zahlt, so ist die Summe der Beiträge $= np$ (Leistung der Gehilfen). Hieraus ergibt sich die Gleichung $p = d$, welche das selbstverständliche Resultat ausspricht:

Der Nettojahresbeitrag ist gleich dem Anspruch, den ein Mitglied an die Versicherungskasse erhebt.

Zu demselben Resultat führt die allgemeine Formel für p_x, wenn $d_x = d_{x+1} = d_{x+2} \ldots$ ist nämlich $p_x = \rho^{1/2} . d_x$, wobei die Auszahlung der fraglichen Renten durchschnittlich in der Mitte des Jahres erfolgt.

Graphisch drücken sich vorstehende Gedanken über die Stellenlosigkeit in den einzelnen Altersgruppen folgendermaßen aus:

Wenn eine mit dem Alter variable wahrscheinliche Dauer der Stellenlosigkeit als Ordinate eines Coordinatensystems aufgetragen würde, dessen Abscisse die Altersjahre bilden, so würde eine Kurve der Stellenlosigkeit erscheinen; falls der Einfluß des Alters wegfällt, so wird aus dieser Kurve eine Parallele zur Abscissenaxe.

VII.

Indem ich mir vorbehalte, die Formel des vorigen Kapitels auf die Resultate gegenwärtiger Enquête anzuwenden, richte ich zunächst den Blick auf die anderwärts mit ähnlichen Einrichtungen gemachten Erfahrungen, um für die Jahresbeiträge sowohl wie für die erforderliche Organisation einen Anhalt zu bekommen.

Den Kampf gegen die Stellenlosigkeit haben bis jetzt nur die Gewerkvereine in England erfolgreich durchgeführt. Dieselben beeinflussen den künftigen Arbeitsmarkt, indem sie die Zahl der Neueintretenden in der Hand haben, sie beeinflussen den gegenwärtigen Markt, indem sie die Arbeit von Orten, wo sie nicht begehrt wird, zurückziehen und sie dort ausbieten, wo sie begehrt wird, indem sie ferner die Arbeit überhaupt nicht ausbieten, falls dieselbe unter bestimmten Arbeitsbedingungen nirgends begehrt wird. Die Kündigung seitens der Arbeiter kann nur erfolgen im Einverständnis mit der Vorstandschaft. Durch das Anpassen des Angebotes an die Nachfrage und durch die Unterstützung der Arbeiter im Falle der Arbeitslosigkeit ermöglichen es die Gewerkvereine, daß die Arbeiter den Verkäufern einer Ware in jeder Beziehung gleich sind, daß sie beim Verkaufe ihrer Ware, d. i. ihrer Arbeit mitsprechen können und so die Verfügungsfreiheit über sich selbst besitzen, welche ihnen durch die Gesetzgebung zuerkannt und zugesprochen ist. Die Unterstützungen werden aus der Vereinskasse bestritten, im Bedarfsfalle sind die Mitglieder zu Nachschußzahlungen verpflichtet.

Mit der zum Großbetriebe hinneigenden Entwickelung des Handelsgewerbes muß die Arbeitsteilung fortschreiten und ein Zusammenschließen, wenn auch nicht aller, so doch gleichartiger Elemente unter den Angestellten erfolgen. Thatsächlich besteht in Berlin schon ein Bankbeamtenverein. Solange jedoch nicht alle Gehilfen oder wenigstens der größte Teil derselben, Mitglieder der kaufmännischen Vereine sind, kann von einer allgemeinen Versicherungskasse im Sinne der Gewerkvereine keine Rede sein.

Die kaufmännischen Vereine Deutschlands pflegen einen mehr oder weniger großen Fonds zu besitzen, aus dem sie bedürftige Handlungsgehilfen unterstützen. Diese Vergünstigungen werden von Seiten der Mitglieder wohl wegen des üblen Beigeschmackes eines Almosens nur wenig in Anspruch genommen, sie sind übrigens bei manchen Vereinen von vornherein auf gewisse Maximalbeträge, bei dem kaufmännischen Verein in Elberfeld z. B. auf Mk. 100.— jährlich festgesetzt. Nichtmitgliedern gegenüber bildete sich im Laufe der Zeit eine an die Handwerksburschen erinnernde Gepflogenheit heraus, den bedürftigen Handlungsgehilfen*) nach Gewährung

*) Vom Jahre 1880 bis Ende 1891 hat der Verein für Handlungskommis von 1858 in Hamburg 4664 notleidende Handlungsgehilfen durch Gewährung von Verpflegung und freier Bahnfahrt unterstützt und 1520 Personen (Vagabunden) abgewiesen, weil diese nicht den geringsten Beweis beibringen konnten, daß sie zum kaufmännischen Stande gehörten. Solch arbeitsscheuen Individuen gegenüber ist dieses Verfahren wohl angewendet.

einer Unterstützung in eine andere Stadt abzuschieben, wodurch er wieder anderen Vereinen zur Last fällt.

Eine eigentliche Versicherung gegen Stellenlosigkeit, bei der die Mitglieder Beiträge zahlen und dadurch ein Recht auf Unterstützung erhalten, betreibt in Deutschland nur der Verein der deutschen Kaufleute in Berlin.

Die Beteiligung der Mitglieder an dieser fakultativen Einrichtung ist äußerst gering; es waren nämlich in den Jahren:

1885	1886	1887	1888	1889	1890	1891	bezw.	1892
20	24	39	45	53	49	71	„	104

Personen versichert. Diese geringe Beteiligung mag wohl mit Grund gewesen sein, warum vom 1. Juli 1891 ab neben der fakultativen Versicherung die obligatorische Unterstützung bei Stellenlosigkeit für alle ca. 3000 Mitglieder eingeführt wurde, wonach täglich im Bedarfsfalle Mk. 1.— und Befreiung von allen Beiträgen zu den Wohlfahrtseinrichtungen des Vereins gewährt wird. In den Fonds der obligatorischen Kasse fließt der vierte Teil der Vereinsbeiträge von monatlich Mk. 0.90 pro Kopf, während bei der freiwilligen Versicherung für eine Monatsrente von Mk. 30.— ein Monatsbeitrag von Mk. 1.— zu entrichten ist, so daß sich der letztere Beitrag auf $3^1/_3$ % der Rente berechnet. Nach den Statuten beginnt das Recht auf Anspruch nach einjähriger Mitgliedschaft; ein Mitglied, welches 90 Tage unterstützt wurde, ist erst dann wieder bezugsberechtigt, wenn es nachweislich 6 Monate in Stellung gewesen ist; stellenlose Mitglieder haben sich erforderlichen Falls täglich bis zu 2 Stunden in der Zeit von morgens 9 Uhr bis abends 7 Uhr zur Verfügung des Ortsvereinsausschusses zu stellen. Für die freiwillige Versicherung bestehen außer diesen allgemeinen Sicherheitsmaßregeln noch besondere, dem Mißbrauch dieser Einrichtung entgegenwirkende Vorschriften, die unter Anderem die Angabe des Grundes der Stellenlosigkeit und Bemühung um eine neue Stelle verlangen. Grobes Selbstverschulden und wissentlich falsche Angaben schließen jeden Anspruch aus. Die fakultative Versicherung ist auf den Höchstbetrag von Mk. 45.— monatlich, mit der obligatorischen Unterstützung zusammen also auf Mk. 75.— Monatsrente beschränkt.

Im Jahre 1892 erhielten 44 Vereinsmitglieder für 2437 Tage

der Stellenlosigkeit Mk. 2437.—, während die für diese Mitglieder an die einzelnen Kassen gezahlten Beiträge Mk. 160.85 betrugen; außerdem wurden in der fakultativen „Abteilung bei Stellenlosigkeit" für 381 Tage Mk. 660.— vergütet.

Von den deutschen Versicherungsgesellschaften hat noch keine fragliches Risiko in ihr Programm aufgenommen außer der norddeutschen Versicherungs- und Rentenbank in Hamburg, die in keinem der deutschen Bundesstaaten die Konzession besitzt. Der Jahresbeitrag beziffert sich hier unabhängig vom Alter auf 2%, die einmalige Aufnahmsgebühr auf 3% des Gehaltes; dafür gewährt die Gesellschaft bei „nicht durch grobes Vergehen selbstverschuldeter Stellenlosigkeit" 60% des versicherten Gehaltes „bis zu 6 Monate", indem sie gleichzeitig für Stellenvermittelung sorgt. Der Jahresbeitrag berechnet sich hiernach auf 3 1/3% der gewährten Rente. Aufnahmsfähig ist „jeder Unbescholtene, welcher länger als drei Monate angestellt ist". Ueber die von dieser Bank erzielten Resultate ist leider nichts bekannt.*) Nur einmal trat diese Gesellschaft im laufenden Jahre an die Oeffentlichkeit dadurch, daß sie vor dem Berliner Schöffengericht wegen Vergehens gegen § 7 des Gesetzes vom 17. Mai 1853 betreffend den Geschäftsbetrieb der Versicherungsgesellschaften sich zu verteidigen hatte, wozu sie anführte, es handle sich bei ihr nur um eine Vereinigung von Personen einer bestimmten Erwerbsklasse zu dem Zwecke, durch Ansammlung eines Fonds Mittel zur Unterstützung bei Stellenlosigkeit zu schaffen. Die Gesellschaft habe lediglich die geschäftliche Leitung dieser Vereinigung, die Versicherten erhielten beim Eintritt keine Polizen, sondern Vereinsquittungsbücher. Das Urteil lautete hiernach auf Freisprechung.

Von ähnlichen Bestrebungen des Auslandes ist die Versicherung gegen Arbeitslosigkeit in Bern zu nennen, welche im vergangenen Jahre in Kraft getreten ist und alle Arbeitslosen speziell aus der Arbeiterklasse umfaßt. Laut Reglement zahlt jeder der Arbeiter, welche zu diesem Zwecke einen eigenen Handlangerbund gebildet haben, monatlich 40 Centimes**) und erhält bei Arbeitslosigkeit im

*) Inzwischen ist dieses Unternehmen mangels Beteiligung eingestellt worden.

**) Dabei wird noch auf freiwillige Beiträge gerechnet. Die Gemeinde ist zu einem Zuschuß von höchstens Fr. 5000 bereit.

Maximum 1 Frank (Verheirathete 1½ Fr.); der Beitrag beziffert sich also auf 1⅓% der Rente. Nach einer von dem Stadtpräsidenten direkt erhaltenen Mitteilung wird jedoch die Verabfolgung von Barbeträgen an die Arbeitslosen nur als ein Notbehelf betrachtet. So viel wie möglich soll Arbeit beschafft werden und hierfür hat der Gemeinderat die Anordnung getroffen, während der Wintermonate aus der in dieser Zeit sehr niedrigen Aare Kies auszuheben, um diesen im Frühling und Sommer für Straßenunterhalt und Neubauten zu verwerten. Im Juni vor. Js. wurde nachträglich die Gewährung von Unterstützung auf die Monate Dezember, Januar und Februar beschränkt und zwar höchstens für zwei Monate pro Kopf.

In Frankreich, Oesterreich und Italien sind ähnliche Einrichtungen, soweit bekannt, nicht vorhanden. Dagegen besteht speziell für Handlungsgehilfen die Versicherung gegen Stellenlosigkeit seit mehr als zwei Dezennien in England. In diesem Lande bildete sich mit dem wachsenden Großbetrieb des Handelsgewerbes immer mehr ein eigener Handlungsgehilfenstand heraus, der sich zur Interessenvertretung in den einzelnen Städten vereinigt hat und neben anderen Zweigen des Versicherungswesens als Krankenversicherung, Wittwen- und Waisenversorgung, Deckung der Begräbniskosten 2c. auch die Versicherung gegen Stellenlosigkeit pflegt. Einer der hervorragendsten und blühendsten dieser Vereine ist the Liverpool Clerks Association, bestehend seit 1861, dessen Einrichtung ich in Folgendem des Nähern besprechen will, um an einem konkreten Beispiele zu zeigen, wie das Projekt der Versicherung gegen Stellenlosigkeit aussieht.

Da bei den Liverpooler Gehilfen die Absicht nicht vorhanden ist, eine Stellenlosigkeit zu unterstützen, die durch Mutwillen des Handlungsgehilfen verschuldet ist, versagen die Statuten eine Unterstützung an unbeschäftigte Mitglieder, falls die Beschäftigungslosigkeit infolge nachlässiger oder schlechter Dienstführung eingetreten ist, oder falls ein aus seiner Stellung ausscheidendes Mitglied es unterläßt, genügende Gründe hiefür anzugeben.

Damit ferner die Unterstützung von Arbeitsscheuen nicht mißbraucht werde, ist der Verein bemüht, für die gesunden stellenlosen Mitglieder durch sein Stellenvermittlungsbureau anderweitig Beschäftigung zu finden, während der Vereinsvorstand gleichzeitig ermächtigt ist, die Unterstützung denen zu entziehen, welche sich nicht um eine neue Stellung bemühen oder eine ihnen vom Verein angebotene Stelle ohne gehörigen Grund ablehnen.

Bezüglich dieser Machtbefugnis der Vorstandschaft bemerkt Professor Lotz in Nr. 94 des Hamburger Vereinsblattes vom 14. Oktober 1892, daß es sich durchaus nicht bewährt hat, zu kleinlich und knauserig vorzugehen, wenn festzustellen ist, ob Stellenlosigkeit verschuldet sei oder nicht, da in der Mehrzahl der Fälle die Mitteilungen der Prinzipale, welche es mit dem Gehilfenstand nicht verderben wollen, über den Grund des Ausscheidens des betreffenden Gehilfen nur Allgemeinheiten enthalten, während da, wo von Seiten des Prinzipals als Grund der Stellenlosigkeit ein Verschulden des Gehilfen behauptet wird, der Gehilfe dieses sehr häufig bestreitet, so daß selbst mit endloser Korrespondenz nur selten der Sachverhalt aufzuklären ist.

Der Verein pflegt daher in der Prüfung der Gründe der Stellenlosigkeit äußerst liberal zu verfahren und sichert sich gegen Mißbrauch seiner Einrichtung dadurch, daß er erstens in der Aufnahme neuer Mitglieder sehr vorsichtig zu Werke geht und zweitens noch besondere Vorsichtsmaßregeln gebraucht.

Es können sich nur „Clerks", die Bestgestellten der Handlungsgehilfen vom Kommis aufwärts versichern lassen, falls dieselben innerhalb **6** englischen Meilen vom Mittelpunkte Liverpools in Stellung sind, das **44.** Lebensjahr nicht überschritten haben und an keinem organischen Leiden erkrankt sind. Die Anmeldung zur Aufnahme kann nur von denen erfolgen, welche wenigstens 3 Monate in Stellung stehen, und muß mit einer eingehenden Schilderung der bisherigen Berufsthätigkeit verbunden sein.

Dieses Vorgehen bei der Aufnahme neuer Mitglieder hat den Erfolg, daß von sämtlichen Kommis von Liverpol nur ungefähr 15% zu dem Handlungsgehilfenverein gehören. Von 378 Anmeldungen im Jahre 1892 wurden 91 und während der letzten neun Jahre im Durchschnitt 19% zurückgewiesen.

Nicht weniger wirkungsvoll wie diese Vorsicht in der Mitgliederwahl sind die Bestimmungen, welche für die Mitglieder gelten.

Wenn ein Gehilfe seine Stelle wechselt, so muß er in der neuen Stelle sechs Monate aushalten, ehe er wieder Anspruch auf Unterstützung hat. Eine Ausnahme hievon machen diejenigen Mitglieder, welche drei Jahre hindurch keinen Unterstützungsanspruch erhoben haben, indem sie bereits unterstützt werden, wenn sie vor Eintritt der Beschäftigungslosigkeit nur drei Monate in der letzten Stellung waren. Wer endlich fünf Jahre ohne Unterstützung ausgekommen ist, unterliegt bezüglich seiner Ansprüche keiner derartigen Beschränkung.

In ähnlichem Sinne wirkt die statutarische Bestimmung, daß regelmäßig nur 1/2 Jahr lang Unterstützung an gesunde Stellenlose gezahlt wird und ferner daß der innerhalb 3, 6 bezw. 12 Jahren an Mitglieder der verschiedenen Versicherungsklassen zu zahlende Gesamtbetrag ein in folgender Zusammenstellung ersichtliches Maximum nicht überschreiten darf, das nicht besonders hoch fixiert ist:

Klasse	Jahresperioden *)			
	3	6	12	darüber
	M.	M.	M.	M.
I	350	550	1050	1500
II	600	900	1600	2200
III	700	1100	2100	3000

Nachdem nun die Vereinsstatuten in ihrer praktischen Anwendung bekannt sind, erregen folgende Zusammenstellungen (siehe S. 54) besonderes Interesse.

Aus A ist ersichtlich, welche Gründe der Stellenlosigkeit thatsächlich in den Fällen angegeben wurden, in welchen der Verein Unterstützung gewährt hat. Am stärksten ist die Rubrik „Geschäftsrückgang“ (depression in trade) besetzt, in der alle Gründe wie Geschäftsaufgabe, Personalveränderung, Falliments u. s. w. zusammen-

*) Die Jahresperioden sind von dem Datum des Eintritts in den Verein an gezählt. 1 £ = rund M. 20.— angenommen.

A.

Jahr	Mitgliederzahl				Zahl d. Stellenlosen	Grund der Stellenlosigkeit				Dauer der Stellenlosigkeit	Auf einen der col. e treffen	Gesamtunterstützung im Jahre	Auf einen der col. e treffen
	Stand Anfangs	Zugang	Abgang	Unter d. Risiko des Jahres standen		Geschäftsrückgang ꝛc.	Krankheit	Meinungsdifferenz	nicht geeignet				
a	b	c	d	e	f	g	h	i	k	l	m	n	o
										Wochen	Tage	*M.*	*M.*
1884	2684	609	368	2805	126	77	30	15	4	1255	3.1	18560	6.6
1885	2925	495	353	2996	149	103	29	16	1	1602	3.7	23220	7.8
1886	3067	381	355	3080	186	126	40	16	4	1931	4.4	29600	9.6
1887	3093	364	338	3106	165	116	33	8	8	1494	3.4	23740	7.6
1888	3119	305	299	3122	140	97	29	8	6	1248	2.8	19900	6.4
1889	3125	298	272	3138	105	61	32	6	6	784	1.7	13000	4.1
1890	3151	47	339	3005	90	47	31	8	5	809	1.9	13600	4.5
1891	2859	306	235	2894	77	45	21	3	8	959	2.3	10240	3.5
1892	2930	279	233	2953	108	66	30	12	—	582	1.4	16060	5.4
	durchschnittlich:			3011	127	—	—	—	—	1185	2.8	18660	6.2

B.

Leistung der Mitglieder:

Klasse	Jahresbeiträge für die Beitrittsalter			
	18—29	30—34	35—39	40—44
	M.	*M.*	*M.*	*M.*
I	24.—	27.—	30.—	33.—
II	36.—	40.—	45.—	50.—
III	48.—	54.—	60.—	66.—

C.

Gegenleistung der Kasse:

Klasse	in der Woche 1—4 bei Stellenlosigkeit	in der Woche 5—13 bei Stellenlosigkeit	in der Woche 14—26 bei Stellenlosigkeit	nach einer Mitgliedschaft v. Jahren ½—4 beim Tod	nach einer Mitgliedschaft v. Jahren 5—9 beim Tod	nach einer Mitgliedschaft v. Jahren 10 u. mehr beim Tod
	M.	*M.*	*M.*	*M.*	*M.*	*M.*
I	24.—	15.—	8.—	150.—	225.—	300.—
II	36.—	22.50	12.—	225.—	337.50	450.—
III	48.—	30.—	16.—	300.—	450.—	600.—

NB.! In A, B und C wurde 1 £ = *M.* 20.429 rund als *M.* 20.— angenommen!

gefaßt sind. Die nicht geringe Zahl der Fälle, in welchen der Gehilfe wegen „Meinungsverschiedenheit“ seine Stelle verlor und der Kasse zur Last fiel, bestätigt die schon erwähnte Gepflogenheit, eine gewisse kameradschaftliche Rücksicht und nicht etwa ein schikanöses Verfahren bei der Unterstützungsgewährung zu üben, welch letzteres sicher die ganze Einrichtung rasch unpopulär machen würde.

Der geringe Zugang im Jahre 1890 wird in dem betreffenden Jahresberichte durch die Bemerkung „keine neuen Mitglieder aufgenommen“ erklärt. Diese Fernhaltung neuer Mitglieder gründete sich auf das Gutachten eines Versicherungstechnikers, in welchem nachgewiesen war, daß jede Neuaufnahme in der untersten Klasse einen Verlust für den Verein bedeute. Nach den Zahlen in col. m und o hat die seit diesem Momente durchgeführte, die Stellenvermittelung vor Allem ins Auge fassende Neuorganisation des Vereins günstige Resultate aufzuweisen. Nicht ohne Stolz hierauf schreibt mir der Vereinssekretär W. Halsall, daß sein Verein i. J. 1892 bei 3000 Mitgliedern 400 Stellen vermittelt und Mk. 16060.— für Unterstützung bei Stellenlosigkeit bezahlt hat, während der Londoner (Bruder-) Verein, der sich für Stellenvermittelung keine besondere Mühe gibt, bei 4000 Mitgliedern M. 42000.— bezahlen mußte, obwohl er eine geringere Wochenunterstützung bietet.

Nach der Erfahrung der betrachteten letzten neun Jahre hat ein Vereinsmitglied die Aussicht, 2,8 Tage pro Jahr stellenlos zu sein; auf 3011 Mitglieder treffen im Jahresdurchschnitt 127 d. i. 4% Stellenlose*) — ein wesentlich ungünstigeres Resultat als das durch die Verbandsenquête konstatierte Verhältnis der Deutschen (Seite 24), welche sich einer weit besser organisierten Stellenvermittelung erfreuen.

Aus der Zusammenstellung B sind die Jahresbeiträge ersichtlich — Leistung der Versicherten —, welche eventuell auch monatlich, viertel- oder halbjährlich entrichtet werden können, ohne daß Stundungszinsen erhoben werden. Diese Beiträge sind nach dem Beitrittsalter und nach der Unterstützungsklasse verschieden.

---

*) Im Jahre 1890 3%, im Jahre 1891 2,7%.

Die Steigerung von Klasse zu Klasse beträgt in Uebereinstimmung mit der gewährten Unterstützung jeweils die Hälfte des Betrages der niedersten Klasse. Die Steigerung von Altersgruppe zu Altersgruppe ist durch das für die Sterbekasse gesteigerte Risiko allein nicht zu erklären. Denn in der ersten Klasse z. B. ist für ein

Beitrittsalter von . . .	18	bezw.	30 Jahren
ein Mitgliedsbeitrag von . . .	Mk. 24.—	„	Mk. 27.—
zu entrichten, wovon für das Begräbnisgeld*) allein	„ 3.70	„	„ 5.10
angerechnet werden muß, so daß .	Mk. 20.30	„	Mk. 21.90

zur Deckung der durch die Stellenlosigkeit drohenden Gefahr verbleiben.

Die schon erwähnte Unterstützung bei Stellenlosigkeit und das Begräbnisgeld sind in der Zusammenstellung C ersichtlich und bilden die Gegenleistung der Versicherungskasse.

Für einen Monatsbeitrag von Mk. 2.— wird eine monatliche Stellenlosigkeitsrente von Mk. 100.— geboten, der Beitrag beziffert sich also auf 2% der Rente.

Das Sterbegeld soll den Zweck haben, die Mitglieder, welche wegen der Furcht vor Stellenlosigkeit beruhigt sind, zum Verbleiben in der Kasse und zum Fortzahlen der Beiträge zu bestimmen. Diese Bestrebung wird noch durch die besondere Begünstigung ergänzt, welche den länger als 10 Jahre beteiligten Mitgliedern dadurch gewährt wird, daß sie in der Folge blos $^2/_3$ der ordnungsmäßig aufzuerlegenden Beiträge zahlen müssen. Aus den Jahresberichten ist nicht ersichtlich, in wie weit sich diese Bestimmung in der Praxis bewährt hat.

VIII.

Zu dem Projekt einer Versicherung gegen Stellenlosigkeit der deutschen Handlungsgehilfen zurückkehrend, haben wir nun in

*) Die jährliche Nettoprämie für eine Todesfallversicherung, bei welcher die Versicherungssumme spätestens nach Vollendung des 85. Lebensjahres fällig wird, beträgt (Sterblichkeitstafel der 17 engl. Gesellsch. und 4% Zins) für ein

Beitrittsalter von	18	bezw.	30 Jahren
	1.23875%	„	1.70512%
für Mk. 300.— Versicherungssumme also rund	Mk. 3.70	„	Mk. 5.10.

den Beispielen des vorhergehenden Kapitels einen verwertbaren Anhaltspunkt für die Jahresbeiträge sowohl, als auch für die Organisation.

Wenn ich in die für die Jahresbeiträge gefundene Formel $p = d$ die Ergebnisse der im ersten Teil besprochenen Enquête einsetze — nämlich die Durchschnittsdauer der Stellenlosigkeit = 6 Tage*) und den Durchschnittsgehalt = Mk. 1200.—, wovon auf einen Tag rund Mk. 3.30 trifft — und als Stellenlosigkeitsrente 60% des Gehaltes annehme, worauf ich gleich zurückkommen werde, so wird der wahrscheinliche Anspruch eines Mitgliedes an die Versicherungskasse, d. i. der Nettobeitrag

$$p = 3.30 \times 0.60 \times 6 = 11.88, \text{ rund Mk. } 12.—.$$

Dieser Beitrag ist wegen der rohen Ueberschlagsrechnung selbstredend nur ein annähernd richtiger Betrag und muß daher der Sicherheit halber mit einem Zuschlage bedacht werden, welcher schon wegen der zu erwartenden Schwankung und wegen der Verwaltungskosten erforderlich ist. Fixiert man denselben, für den Anfang des Unternehmens wenigstens, recht hoch, z. B. auf 50%, so erhöht sich der Bruttobeitrag auf $1^1/_2$% des Gehaltes, d. i. $2^1/_2$% der in Aussicht gestellten Rente; an einem Beispiel erklärt:

„Ein Handlungsgehilfe mit Mk. 100.— Monatsgehalt zahlt Mk. 1.50 und erhält bei Stellenlosigkeit eine Monatsrente von Mk. 60.—."

Der Wahrscheinlichkeit nach werden sich infolge des hohen Sicherheitszuschlages die ersten Jahre Ueberschüsse ergeben. Diese sind in einen Resevefonds zu legen, der für Unterstützungen in besonders unglücklichen Fällen verwendet werden könnte, besonders aber für die Zeit der Handelskrisen dienlich sein würde, in welcher die Versicherungskasse hervorragend in Anspruch genommen wird, während das später zu erwähnende Entlastungsventil, die Stellenvermittelung, vielleicht ganz versagt.

Der Beitrag von $2^1/_2$% der Rente hält einen Vergleich mit den anderwärts üblichen Beiträgen aus, da die norddeutsche Versicherungs- und Rentenbank wie der Verein deutscher Kaufleute in

*) Es sei nochmals betont, daß diese Zahl ganz willkürlich ist und erst durch wiederholte Erhebungen festgestellt werden kann.

Berlin $3^1/_3$%, der Liverpooler Handlungsgehilfenverein 2% der in Aussicht gestellten Rente erheben.

Eine nach dem englischen Muster von der Höhe des Gehaltes unabhängige Rente zu gewähren, erscheint nicht thunlich, da für den Gehilfen mit niederem Gehalte der Anreiz zum Verbleiben in der Stellung wegfiele. Die gewährte Rente muß vielmehr, um keinen Preis für die Faulheit zu bilden — das Hauptbedenken gegen die projektierte Versicherung —, bedeutend geringer als der Gehalt sein.

Es soll eben hier nur ein Teilersatz geboten werden, ein Prinzip, das nicht fremd ist, da z. B. die Zerstörung von Kunstschätzen durch die Feuerversicherung nie ersetzt werden kann. In obiger Rechnung wurde dieser Teilersatz auf 60% des Gehaltes angenommen. Damit der Zweck dieser Bestimmung nicht verfehlt wird, hat das Verbot der Doppelversicherung hiemit Hand in Hand zu gehen, was durch einen Kartellvertrag unter den interessierten Vereinen kontrolliert werden könnte.

Mit dieser Bestimmung sind wir schon bei den organisatorischen Maßnahmen angelangt, die sich allgemein auf die Zeit vor und während der Stellenlosigkeit erstrecken.

Um die Versicherungskasse lebensfähig zu erhalten, muß hinsichtlich der Aufnahme neuer Mitglieder (also vor dem Eintritt der Stellenlosigkeit) eine Auswahl getroffen werden, wie ja auch bei den schon bestehenden Versicherungszweigen in erster Linie eine Prüfung des Risikos vorgenommen wird. Es wäre daher statutarisch festzulegen, daß zur Fernhaltung der leichtfertigen Elemente nur diejenigen Bewerber Aufnahme finden, welche von zwei erprobten Mitgliedern als gut, d. h. als tüchtig, charaktervoll und gesund bezeichnet werden können.

Diese Aufnahmebedingungen würden wegen der mit der Mitgliedschaft verbundenen Vorteile die Wirkung üben, die Qualität aller Gehilfen zu steigern, so daß bald die Mehrzahl der Berufsgenossen zur Aufnahme begutachtet werden könnte.

Die Vorsicht bei der Aufnahme neuer Mitglieder muß ferner die weitere Ergänzung in den Statuten dahin erfahren, daß ein Anspruchsrecht erst nach sechsmonatlicher Mitgliedschaft und dreimonatlicher Thätigkeit in Stellung beginnt. Eine solche Wartezeit ist unentbehrlich, weil sonst dem Zwecke der Unternehmung zuwider durch kurze, vielleicht nur während weniger Tage geleistete Arbeit und verhältnismäßig geringe Beiträge jeder einen Anspruch auf Rente zum Schaden der fleißigen Genossen würde erringen können; sie ist auch unbedenklich, weil die in Stellung befindlichen tüchtigen Gehilfen nicht immer auf dem Sprunge stehen.

Eine Karenz für die erste Zeit der Stellenlosigkeit könnte dagegen wohl wegbleiben.

Da der englische Verein mit der nachträglichen Kontrolle des Grundes der Stellenlosigkeit schlechte Erfahrung gemacht hat, so wird eine Verbesserung dieser Organisation durch die statutenmäßige Bestimmung herbeizuführen sein, daß kein Mitglied ohne die vorher erholte Zustimmung des Orts- oder Bezirksvorstandes selbst kündigen darf, es sei denn, daß gegebenen Falls eine Unterstützung nicht beansprucht wird.

Gegenüber dem Einwande, daß dann ein junger Mann, der nicht alles Vertrauen*) auf seine Leistungsfähigkeit verloren hat, einer solchen Versicherungskasse fern bleiben würde, verweise ich darauf, daß Versuche zur Verbesserung der Stellung ohne Kündigung derselben möglich sind, daß Geschäftsrückgang, Konkurs oder Meinungsdifferenz 2c. auch den tüchtigsten Gehilfen stellenlos machen können, daß schließlich einer Versicherungskasse wohl nicht zugemutet werden kann, dem Gehilfen die Kosten zur Erlangung eines besseren Gehaltes oder weiterer Kenntnisse zu tragen. Der Verein hat das stärkste pekuniäre Interesse, nur dann eine Kündigung seitens des Gehilfen zu billigen, wenn ein ernster Anlaß vorliegt, die Berufsgenossen hinwiederum sind es, welche in erster Linie zur Beurteilung der Verhältnisse befähigt erscheinen und keine Ungerechtigkeit zu üben versprechen.

Die letzte und nicht unbedeutendste Vorsichtsmaßregel würde in der Beschränkung der Zeitdauer, für welche eine Rente gewährt wird, und der Gesamtsumme der Renten innerhalb gewisser Jahresperioden liegen.

Zur Entlastung der Versicherungskasse (während der Stellenlosigkeit) muß die Stellenvermittelung dienen, deren Wirkung auf die Bilanz aus der Zusammenstellung der Liverpooler Jahres-

*) Ist das Selbstvertrauen gar so groß, so mag der Gehilfe seine Stellung kündigen, ohne auf die Versicherungskasse zurückzugreifen.

berichte ersichtlich ist. Dort bestand zuerst die Versicherungskasse, erst nachträglich funktionierte das Entlastungsventil, die Stellenvermittelung. In Deutschland blüht dagegen die Einrichtung bereits derart, daß nach den Hamburger Nachrichten vom 28. Jan. v. J. auf Anregung des Londoner Handelsamtes das dortige auswärtige Amt seinen Generalkonsul in Hamburg um Ausarbeitung eines Berichtes über die Organisation und Thätigkeit des Hamburger Vereins für Handlungskommis von 1858 ersucht hat und die diesem Berichte gewidmeten Artikel der englischen Presse sich in dem Wunsche begegneten, daß die eigene Geschäftswelt das Vorgehen der Deutschen zum Muster nehme. Eine Versicherungskasse in Deutschland würde daher sicher günstiger operieren als die des öfteren angezogene englische Kasse, sie würde sich sogar in ihrer Organisation mit den bestehenden Abteilungen für Stellenvermittelung vereinigen können und zu deren Ausbildung ebenso beitragen wie z. B. die Feuerversicherungsanstalten zur Ausbildung der Feuerwehr und Feuersicherheitsvorrichtung, sowie zur Verminderung der Feuersbrünste ganz wesentlich beigetragen hat. Eine zentralisierte Stellenvermittelung ist in der Lage, das Terrain zu überblicken, Angebot und Nachfrage zu regulieren und so die Anzahl der Stellenlosen zu vermindern, sie vermag auch das Stellenoffert der Befähigung und den Ansprüchen des Gehilfen thunlichst anzupassen; allerdings kann es nicht ihre Aufgabe sein, dem stellenlosen Gehilfen zu einer Art von Beförderung im Vergleich zur früheren Stellung zu verhelfen. Da bei einer Versicherung gegen Stellenlosigkeit von Handlungsgehilfen doch weit gleichartigere Elemente in Betracht kommen als bei einer allgemeinen Arbeitslosenversicherung, so wird auch der während Stellenlosigkeit in Frage kommenden Willkür des Versicherten entsprechend leichter zu begegnen sein. Dem Stellenlosen kann natürlich die Pflicht nicht erlassen werden, Arbeit zu suchen; die mit der Versicherungskasse verbundene Stellenvermittelung wird bei der gleichen Art von Angebot und Nachfrage eine der früheren Thätigkeit meistens gleichartige Beschäftigung anbieten können. Daher wäre statutarisch zu bestimmen, daß ein Stellenangebot nur dann zurückgewiesen werden dürfe, wenn nachweislich in dieser Stelle die Gesundheit bedroht oder die

„Standesehre" verletzt wäre, daß dagegen die Unterstützung aufhören müßte, falls das Angebot wegen nicht entsprechenden Lohnes zurückgewiesen würde. Die Stellenvermittelung würde künftighin dem im Genusse der Rente stehenden Gehilfen sicher erleichtert sein, da dieser Umstand allein schon für den Personal suchenden Prinzipal eine Gewähr bietet, daß der Stellenlose kein arbeitsscheuer Mensch ist, wie die Voreingenommenheit gern glauben läßt.

IX.

Zu einer gemeinsamen, den ganzen Stand der Handlungsgehilfen umfassenden Organisation ist nach der Lage der Verhältnisse keine Aussicht vorhanden, wenn auch der rein lokalen und gesellschaftlichen Interessen zugewendete Charakter der kaufmännischen Vereine einer an den Verband der Vereine angelehnten Versicherungskasse nicht entgegenstünde. Denn leider sind die Kräfte der kaufmännischen Vereine infolge persönlicher und religiös-politischer Bestrebungen zersplittert. So gibt es in jeder größeren Stadt mehrere kaufmännische Vereine und die in den größeren Handelszentren domizilierenden Vereine machen sich in der Gründung von Kreisvereinen Konkurrenz, die teilweise durch die Pflege der Kranken-, Sterbekassen 2c. und das damit bedingte Streben nach größerer Mitgliederzahl verursacht wird. Eine Anlehnung an den Verband bietet also ebensowenig Aussicht wie eine alle Gehilfen umfassende Organisation.

Mit Rücksicht auf die wünschenswerte stramme Organisation, die sich im engeren Kreise leichter durchführen läßt, ist die Errichtung einer Versicherungskasse im Verein*) dem Vorerwähnten sogar vorzuziehen.

Im Hinblick auf die Einrichtung des Liverpooler Vereines wurde die Ansicht ausgesprochen, daß eine solche Einrichtung nur als „Lokalverein" in Betracht kommen könne, d. h. sich auf den Vereinsort beschränken müsse. Als Grund wird hauptsächlich angeführt, daß sich die Mannigfaltigkeit der Praxis nicht in eine Schablone pressen lasse, indem von Fall zu Fall — was nur beim Lokalverein möglich — zu prüfen sei, ob die Arbeitslosigkeit

*) Träger der Versicherung sollen hiernach die kaufmännischen Vereine sein.

nicht selbst verschuldet sei, ob bei Ablehnung einer angebotenen Stelle die Entschädigung weiter gezahlt werden dürfe 2c.

Neben dem Hinweis auf das im vorigen Kapitel über die Organisation Entwickelte möchte ich hier nur bemerken, daß die Prüfung der Sachlage in einer großen Handelsstadt nicht weniger schwierig ist als in einer kleinen Provinzstadt, während die Befürwortung durch zwei erprobte Mitglieder zur Aufnahme eines neuen Mitgliedes da, wo die Kenntnis der Privatverhältnisse des Bewerbers fehlt, durch Vertrauensmänner ersetzt und dann in der Provinz viel leichter Aufklärung verschafft werden kann als in der Großstadt. Der Einwand, daß die Entschädigung nicht aufhören soll, wenn ein Stellenangebot zurückgewiesen wird, ist wohl nicht ernst gemeint, da zu einem solchen Geschäftsgebahren die Mittel aufzubringen auch der „Lokalverein“ nicht im Stande sein wird.

Wenn nun hiernach die Punkte, welche für eine Versicherung im Lokalverein zu sprechen schienen, entfallen, so gibt es wichtige Momente, welche gegen eine solche Art der Einrichtung sprechen, nämlich die zur Lebensfähigkeit eines jeden Versicherungsunternehmens notwendige große Zahl der Beteiligten, welche im Vereinsorte allein absolut nicht zu erreichen ist, ferner der Umstand, daß sich Handelskrisen besonders lokal fühlbar machen und „Lokalvereine“ mit einem Schlage lahm legen können, und schließlich die Erwägung, daß die Gehilfen alle durch ihre Beiträge erworbenen Ansprüche auf Unterstützung verlieren würden, sobald sie bei geeigneter Gelegenheit einen vorteilhafteren Arbeitsort aufsuchen würden.

Wenn also ein Verein der Errichtung einer Versicherungsabteilung für Stellenlosigkeit näher treten will, so muß er diese auf seine einheimischen und auswärtigen Mitglieder ausdehnen.

Nach den hier entwickelten Gesichtspunkten können große, über ganz Deutschland verbreitete Vereine, z. B. der jetzt über 40,000 Mitglieder zählende Verein für Handlungskommis von 1858 in Hamburg und der über 10,000 Mitglieder zählende kaufmännische Verein in Frankfurt a./M.*) einen Versuch auf diesem noch ziemlich

*) Die „Jakobiner“ dieses Vereines sind ds. Js. leider ausgetreten und bilden einen selbständigen „Verein von kaufm. Angestellten“. — Der Hamburger Verein ist inzwischen dem „Verbande“ wieder beigetreten vgl. Seite 7.

fremden Gebiete selbstständig wagen. Den kleineren Vereinen verbleibt nur der Anschluß an einen größeren.

Die mit der Organisation verbundenen großen Schwierigkeiten, die sich nur in einem Vereine gleichartiger Berufs- und Gesinnungsgenossen bekämpfen lassen, dürften die Thätigkeit einer Aktienversicherungsgesellschaft hier gänzlich ausschließen und auch stets verhindern, daß der Staat, wie er es bei dem Risiko von Unfall, Krankheit, Invalidität und Alter gethan hat, nach dem Entstehen freiwilliger Organisationen selbst eingreift, zumal hier der Versicherungszwang, ein notwendiges Aggregat jeder Staatsversicherung, nie in Frage kommen kann.

Dem Staate könnte nur insofern eine Rolle zugedacht werden, als er die Oberleitung übernimmt, wie sie Zacher*) für die gewerbliche Selbstverwaltung auf berufsgenossenschaftlicher Grundlage vorschlägt: „Jedes Gewerbe würde eine Unternehmer und Arbeiter gleich berücksichtigende korporative Verfassung erhalten, um seine Angelegenheiten im Wege der Autonomie selbst zu regeln, so daß der staatlichen Gesetzgebung und Verwaltung nur die Festlegung allgemeiner Grundsätze und die im Gesamtinteresse gebotene Oberaufsicht verbliebe."

In diesen Vereinigungen, nennen wir sie Einigungsämter**), könnten Meinungsverschiedenheiten zwischen Prinzipal und Gehilfen ebenso wie in den bewährten Ehrengerichten der Offiziere ꝛc. beigelegt werden, ein Verfahren, das auf dem Verbandstag in Görlitz 1893 dringend verlangt wurde. Hier könnten die Ursachen der die Versicherungskasse belastenden Stellenlosigkeit, wie lange Arbeitszeit, kurze Kündigungsfrist u. s. w. vermindert und beseitigt werden. Unter gesetzgeberischer Mithilfe könnte es auch gelingen, eine brauchbare Statistik der stellenlosen Handlungsgehilfen aufzustellen. Das Streben, der Stellenlosigkeit vorzubeugen, würde unter staatlicher Leitung die dem fraglichen Versicherungsprojekt zu Grunde

---

*) Zacher, Arbeiterbewegung und Sozialreform. Berlin 1893, Verlag Karl Heymann.

**) Der Verein für Handl.-K. v. 1858, welcher sowohl Prinzipale wie Gehilfen zu Mitgliedern zählt, könnte z. B. die Vorstandschaft jedes Bezirksverbandes hiezu verwenden.

liegende Selbsthilfe noch mehr zum Ausdruck bringen als das Streben, die Nachteile der Stellenlosigkeit zu paralysieren.

Neu ist in dieser Form von Versicherung der Umstand, daß die zur Stellenlosigkeit Veranlassung gebende schlechte Geschäftslage nicht wie andere Naturereignisse, z. B. Feuer, Tod u. s. w. mit großer Regelmäßigkeit wiederkehrt und daher eine ganz hervorragende Stärkung des Reservefonds verlangt. Neu ist ferner das Hereinspielen der menschlichen Willensentschließung; soweit diese allerdings von der Laune oder Notlage der Arbeitgeber abhängig ist, kann die Versicherung nicht als Motiv zur Herbeiführung der Stellenlosigkeit in das Gewicht fallen, bezüglich der freien Willensentschließung des Versicherten selbst ist das Risiko nur durch die erwähnte Organisation zu bekämpfen. Aber gerade darin liegt die große volkswirtschaftliche Bedeutung dieses neuen Unternehmens, daß die Handlungsgehilfen durch die verlangte Selbstkontrolle zur moralischen Selbsterziehung geführt werden. Die Anspannung der eigenen Leistungen der Versicherten, durch welche an Stelle der bisher gewährten Unterstützung ein Rechtsanspruch tritt, wird gleichfalls eine erziehliche Rückwirkung auf die gesamte sittliche Lebenshaltung der Gehilfen ausüben. Nichts wird das Standesbewußtsein besser zu heben vermögen als das Zusammenstehen in guter und schlechter Zeit.

Die Versicherung gegen Stellenlosigkeit, durch welche die „Zukunft" gesichert erscheint, wird berufen sein, den kaufmännischen Stand neben den begehrenswerten sicheren Staatsdienst zu heben. Sollte infolge dessen ein großer Zudrang zum Handelsgewerbe erfolgen, so dürfte dieser unbedenklich sein, sofern er aus besser gebildeten Elementen sich rekrutiert. Die Nachteile eines solchen Zudrangs hingegen würden es zur Pflicht machen, dem Lehrlingswesen erhöhte Aufmerksamkeit zuzuwenden. Der Handlungsgehilfe darf letztere Aufgabe nicht blindlings dem Prinzipale überlassen, sondern hat in einer ihn selbst im höchsten Grade berührenden Sache ein Wort mitzusprechen. Dies wird jedoch in weiter Zukunft liegen, da die Entwickelung des Handlungsgehilfenstandes noch nicht soweit vorgeschritten ist, daß er nach dem Muster der englischen Gewerkvereine als einheitliches Ganzes hier Beachtung erheischen könnte.

Litteratur.

Berufsstatistik vom Jahre 1882, Statistik des Deutschen Reichs. N. F. Bd. 2, 3 u. 4.

Gewerbestatistik vom Jahre 1882, Statistik des Deutschen Reichs. N. F. Bd. 6 u. 7.

Alb. Auerbach: Die Handlungsgehilfenbewegung, Berlin 1887, G. Miecker.

Wolf: Zur Lage der Kaufmännischen Hilfsarbeiter in Oesterreich. Wien 1887, A. Pichler's We. & Sohn.

Festschrift des Vereins junger Kaufleute von Berlin zur 50jährigen Jubelfeier am 16. XI. 1889.

Annalen des Kaufmännischen Vereins in Frankfurt a. M. vom 25. Januar 1890.

Denkschrift des Kaufm. Vereins Mannheim von 1890.

G. Hiller: Die Lage der Handlungsgehilfen. Leipzig 1890, Alex. Dunker.

G. Adler: Die Sozialreform und der Kaufmannsstand „Annalen des Deutschen Reichs" 1891.

Dietrich & Quark: Die soziale Lage der Handlungsgehilfen. Preisschriften, herausgegeben vom kaufm. Ver. in Frankfurt a. M. 1891.

Mataja: Großmagazine und Kleinhandel. Leipzig 1891, Duncker & Humblot.

K. Oldenberg: Die heutige Lage der Kommis. Schmoller's Jahrbuch 1892.

Die Reform des Kaufmännischen Lehrlingswesens. Magdeburg 1892, Sachs & Schwerdtner.

Harry Schmid: Das Kaufm. Fortbildungswesen Deutschlands. Berlin 1892, K. Sigismund.

Edmund Lotz: Nr. 18 der Verbandsrundschreiben vom Jahre 1893.

Handwörterbuch der Staatswissenschaft: „Handlungsgehilfe", „Arbeiterversicherung".

Sozialpolitisches Centralblatt. I. und II. Bd.

Die Ausbildung und Stellung der Handlungsgehilfinnen in Berlin, für die Ausstellung Chicago bearbeitet von Jul. Meyer, Vorstand des kaufm. und gewerbl. Hilfsvereins für weibl. Angestellte in Berlin, 1892.

Bericht der Kommission für Arbeitsstatistik über die Reichsenquête (Ladengehilfen betr.) im September und Oktober 1892.
Jahresberichte der Kaufm. Vereine.
Annual Report of the Liverpool Clerk's Association 1884 mit 1892.
Brentano: Die Arbeiterversicherung gemäß der heutigen Wirtschaftsordnung. 1879.
Bericht der Spezialkommission für Errichtung eines Arbeitslosenbureau der Stadt Bern. 1888.
Verhandlungen des Stadtrates Bern. 1892 Bd. 4.
Gegenwart 1893 Nr. 1 und 2 v. Hartmann und Zukunft Nr. 29 Bd. 3 Lotz (Entgegnung).
Schärtlin: Schweiz. Blätter für Wirtsch. und Soz.-Politik. Juliheft 1893.
Berghoff-Ising: Schmoller's Jahrbuch Heft 4. 1893.
Zacher: Arbeiterbewegung u. Sozialreform. Berlin 1893, Verlag Karl Heymann.
Kaufm. Schriften: Kaufm. Presse, Frankfurt a. M.
Deutsche Kaufm. Zeitschrift, Berlin.
Selbsthilfe, Organ des Ver. Deutscher Kaufleute, Berlin.
Der Handelsangestellte, Berlin.
Wiener Kaufm. Zeitschrift.
Fortschritt in Zürich.
Verbandsblätter, Verband Deutscher Hdlgsgeh. Leipzig.
Hamburger Vereinsblatt, Verein für Handlungskommis von 1858.

Stempel des absendenden Vereins:

Anlage A.
(Original 34 cm lang und 21,5 cm breit, Grundfarbe des Papieres weiß-gelblich.)

Deutscher Verband Kaufmännischer Vereine.

1889: 19, 1892: 70 Vereine.

Vereins-Frageblatt,

Enquête, Versicherung gegen Stellenlosigkeit betreffend.

Urstatistik. Zur Versendung an stellenlose Vereins-Mitglieder und an Stellen-Bewerber in der Zeit vom 1. October bis 23. November 1892.

Binnen **8** Tagen nach Empfang an den absendenden Verein beantwortet portofrei zurück zu liefern.

Jeder Befragte wird ersucht sorgfältig und pünktlich zu beantworten, da das Gelingen der Enquête davon abhängig ist.

1. a) Bei welchem/welchen kaufmännischen Vereine/Vereinen sind Sie Mitglied und seit wann? — 1. a) ……
   b) Bei welchen Vereinen sind Sie als Stellenbewerber angemeldet? — b) ……
2. Welche Stellung bekleideten Sie zuletzt? (Comptoirist, Lagerist, Reisender, Verkäufer im Laden u. s. w.) — 2. ……
3. a) Sind Sie z. Zt. außer Stellung? — 3. a) ……
   b) Sind Sie z. Zt. noch in Stellung und seit wann in der jetzigen? — b) ……
4. Wie lange sind Sie bereits stellenlos? (Wichtig für späteres Gutachten betreffs muthmaßlicher finanzieller Belastung der Kasse). Die Frage 4 ist nur von Stellenlosen zu beantworten.
   a) Seit 1 Monat? — 4. a) ……
   b) Seit 2 Monaten? — b) ……
   c) Seit 3 Monaten? — c) ……
   d) Seit länger als 3 Monaten? — d) ……
   e) Haben Sie ein Stellenangebot abgelehnt und aus welchem Grunde? (1. wegen ungenügender Gehalts-Offerte, 2. wegen unerwünschter Beschäftigung, 3. aus anderen Ursachen). — e) ……
5. In welchem Alter befinden Sie sich? (Wichtig für späteres Gutachten betreffs Feststellung, in welchen Altersklassen Stellenlosigkeit am häufigsten vorkommt). Jeder nicht „stellenlose" Befragte hat hierbei hinter seine Antwort zu schreiben: „Zur Zeit in Stellung".
   a) Im Alter von unter 25 Jahren? — 5. a) ……
   b) Im Alter von 25 bis 30 Jahren? — b) ……
   c) Im Alter von 30 bis 40 Jahren? — c) ……
   d) Im Alter von über 40 Jahren? — d) ……
6. Welchen Gehalt bezogen Sie in Ihrer letzten bezw. jetzigen Stellung. Freie Station ist hierbei in baar abzuschätzen. (Einzig mögliche Unterscheidungsart der Qualification der Stellenlosen). Jeder nicht „stellenlose" Befragte hat hierbei hinter seine Antwort zu schreiben: „Zur Zeit in Stellung".
   a) Unter Mk. 1000 Jahresgehalt? — 6. a) ……
   b) Mk. 1000—1500 Jahresgehalt? — b) ……
   c) Mk. 1500—2000 Jahresgehalt? — c) ……
   d) Ueber Mk. 2000 Jahresgehalt? — d) ……
7. Welche Kündigungsfrist war bei letzter Stelle vereinbart? (Diese Frage soll zur Ermittelung etwaigen Einflusses der Kündigungsfrist auf Stellenlosigkeit dienen). Jeder nicht „stellenlose" Befragte hat hierbei hinter seine Antwort zu schreiben: „Zur Zeit in Stellung".

a) 14 Tage und darunter?	7. a) ....
b) 1 Monat?	b) ....
c) 6 Wochen vor Quartalsschluß? (Handelsgesetzliche Kündigungsfrist, welche besonderer Vereinbarung nicht bedarf).	c) ....
d) 3 Monate?	d) ....
8. Endete das letzte Dienstverhältniß am Quartalsschluß?	8. ....
9. Endete das letzte Dienstverhältniß zu anderer Zeit als am Quartalsschluß und wann?	9. ....
10. Von wem wurde die Kündigung bewirkt?	
a) Vom Prinzipal?	10. a) ....
b) Von Ihnen?	b) ....
11. Wurde die Kündigungszeit ausgehalten?	11. ....
12. Wurde die Kündigungszeit nicht ausgehalten und weßhalb nicht?	12. ....
13. Welches war der Kündigungsgrund? Jeder nicht „stellenlose" Befragte hat hierbei hinter seine Antwort zu schreiben: „Zur Zeit in Stellung".	
a) Reduction des Geschäftspersonals?	13. a) ....
b) Auflösung des Geschäftes?	b) ....
c) Konkurs des Geschäftsinhabers?	c) ....
d) Ihre Erkrankung?	d) ....
e) Ersatz des Gehülfen durch den ältesten Lehrling?	e) ....
f) Meinungsverschiedenheiten zwischen Prinzipal und Ihnen?	f) ....
g) Sonstiger Grund? (1. Um mehr Gehalt zu beziehen? 2. um die Kenntnisse zu vermehren, 3. um das Geschäftsleben anderer Städte und anderer Länder kennen zu lernen, 4. weil nicht für die Stellung geeignet etc.)	g) ....
14. Hatten Sie überhaupt noch keine bezahlte Gehülfenstelle, sondern verfielen Sie sofort nach Beendigung der Lehrzeit der Stellenlosigkeit?	14. ....
15. Waren Sie schon früher stellenlos? Jeder nicht „stellenlose" Befragte hat hierbei hinter seine Antwort zu schreiben: „Zur Zeit in Stellung".	
a) Auf welche Zeit?	
Bis 1 Monat?	
Bis 3 Monate?	
Darüber hinaus?	
b) Wie oft?	
1 mal?	
2 mal?	
3 mal?	
16. a) Sind Sie im Princip für die Einrichtung einer „Versicherung gegen Stellenlosigkeit", auch wenn dieselbe einen ziemlich erheblichen jährlichen Beitrag bei angemessener Gegenleistung erfordert?	16. a) ....
oder:	
b) Erscheint Ihnen „Unterstützung bei Stellenlosigkeit", deren Gewährung von Fall zu Fall durch den Vereins-Vorstand nach Prüfung der Anträge zu beschliessen ist, angemessener und wünschenswerther?	b) ....

Ort und Datum. — Unterschrift des Befragten.

Anlage B.
(Original 45.5 cm lang und 29 cm breit,
Grundfarbe des Papieres rosa.)

Antwortender Verein: ....

Verbands-Fragebogen Nr. 1.

Enquête, Versicherung gegen Stellenlosigkeit betreffend.

(Nur Antworten von **außer** Stellung befindlichen Befragten umfassend).
Am **15. December** beantwortet an den Verbands-Vorsteher portofrei zurück zu liefern.
Jeder Verein wird ersucht, sorgfältig und pünktlich zu beantworten, da das Gelingen der Enquête davon abhängig ist.

I. **Allgemeine Fragen.**

A. Wie viel Gehülfen-Mitglieder zählt jetzt Ihr Verein? ....

B. a) Wie viel davon sind als außer Stellung bekannt geworden? ....
(Man vgl. Frage 3a des Frageblattes).

b) Wie viel Antwortgeber sind z. Zt. noch in Stellung? ....
(Man vgl. Frage 3b des Frageblattes).

C. Wie viel Frageblätter hat Ihr Verein im Ganzen ausgesandt? ....

D. Wie viel Frageblätter kamen beantwortet zurück? ....

II. **Besondere Fragen.** (Dieselben beziehen sich auf das Vereins-Frageblatt).

1. a) Wie viel Antwortgeber sind gleichzeitig Mitglied mehrerer kaufmännischer Vereine? — 1. a) ....

b) Wie viel Antwortgeb. haben sich gleichzeitig bei mehreren kaufmännischen Vereinen als Stellenbewerb. gemeldet? — b)

2. Wie viel Antwortgeber bekleideten zuletzt Stellung als:
I. Comptoirist? ....
II. Lagerist? ....
III. Reisender? ....
IV. Verkäufer im Laden? ....
V. sonstige Gehülfen? ....

3. a) Man vgl. Frage B a d. allgem. Fragen.
b) Man vgl. Frage B b d. allgem. Fragen.

4. Wie viel Antwortgeb. sind bereits stellenlos
a) seit 1 Monat? — 4. a) ....
b) seit 2 Monaten? — b) ....
c) seit 3 Monaten? — c) ....
d) seit länger als 3 Monaten? — d) ....
e) Wie viel Antwortgeber haben ein Stellenangebot abgelehnt und aus welchem Grunde?
I. wegen ungenügender Gehalts-Offerte? ....
II. wegen unerwünschter Beschäftigung? ....
III. aus anderen Ursachen? ....

5. In welchem Alter befinden sich die Antwortgeber?
Wie viel
a) im Alter von unter 25 Jahren? — 5. a) ....
b) im Alter von 25 bis 30 Jahren? — b) ....
c) im Alter von 30 bis 40 Jahren? — c) ....
d) im Alter von über 40 Jahren? — d) ....

6. Welchen Gehalt bezogen die Antwortgeber in ihrer letzten Stellung? Freie Station ist hierbei in baar abzuschätzen.
Wie viel bezogen
a) unter Mk. 1000 Jahresgehalt? — 6. a) ....
b) Mk. 1000—1500 Jahresgehalt? — b) ....
c) Mk. 1500—2000 Jahresgehalt? — c) ....
d) über Mk. 2000 Jahresgehalt? — d) ....
e) Wie viel Antwortgeber waren bereits etablirt? — e) ....

7. Welche Kündigungsfrist war bei letzter Stelle vereinbart?
Bei wie viel
a) 14 Tage und darunter? — 7. a) ....
b) 1 Monat? — b) ....
c) 6 Wochen vor Quartalsschluß? (Handelsgesetzliche Kündigungsfrist, welche besonderer Vereinbarung nicht bedarf). — c) ....
d) 3 Monate? — d) ....

8. In wie viel Fällen endete das letzte Dienstverhältniß am Quartalsschluß? — 8. ....

9. In wie viel Fällen endete das letzte Dienstverhältniß zu anderer Zeit als am Quartalsschluß? — 9. ....

10. Von wem wurde die Kündigung bewirkt?
 a) In wie viel Fällen vom Prinzipal? — 10. a) ....
 b) In wie viel Fällen vom Gehülfen? — b) ....

11. In wie viel Fällen wurde die Kündigungszeit ausgehalten? — 11. ....

12. In wie viel Fällen wurde die Kündigungszeit nicht ausgehalten? — 12. ....

13. Welches war der Kündigungsgrund?
 In wie viel Fällen
 a) Reduction des Geschäftspersonals? — 13. a) ....
 b) Auflösung des Geschäfts? — b) ....
 c) Konkurs des Geschäftsinhabers? — c) ....
 d) Erkrankung des Gehülfen? — d) ....
 e) Ersatz des Gehülfen durch den ältesten Lehrling? — e) ....
 f) Meinungsverschiedenheiten zwischen Prinzipal und dem Gehülfen? — f) ....
 g) sonstiger Grund?
  I. um mehr Gehalt zu bekommen?
  II. um die Kenntnisse zu vermehren?
  III. um das Geschäftsleben anderer Städte und Länder kennen zu lernen?
  IV. weil für die Stellung nicht geeignet?

14. Wie viel Antwortgeber hatten überhaupt noch keine bezahlte Gehülfenstelle, sondern verfielen sofort nach Beendigung der Lehrzeit der Stellenlosigkeit? — 14. ....

15. Wie viel Antwortgeber waren schon früher stellenlos?
 a) Auf welche Zeit?
  Wie viel bis 1 Monat? ....
  Wie viel bis 2 Monate? ....
  Wie viel darüber hinaus? ....
 b) Wie oft?
  Wie viel 1 mal? ....
  Wie viel 2 mal? ....
  Wie viel 3 mal? ....

16. a) Wie viel Antwortgeber sind im Prinzip für die Einrichtung einer „Versicherung gegen Stellenlosigkeit“ und zu welchen Gehaltsklassen gehören dieselben?
 Wie viel zu
  I. Kl. a) unter Mk. 1000 Jahresgehalt?
  II. Kl. b) Mk. 1000—1500 Jahresgehalt?
  III. Kl. c) Mk. 1500—2000 Jahresgehalt?
  IV. Kl. d) über Mk. 2000 Jahresgehalt?
  V. Wie viel etablirt gewesene? — 16. a) i. Sa. ....

oder b) Wie viel Antwortgebern erscheint „Unterstützung bei Stellenlosigkeit“ angemessener und wünschenswerther und zu welchen Gehaltsklassen gehören dieselben?
 Wie viel zu
  I. Kl. a) unter Mk. 1000 Jahresgehalt?
  II. Kl. b) Mk. 1000—1500 Jahresgehalt?
  III. Kl. c) Mk. 1500—2000 Jahresgehalt?
  IV. Kl. d) über Mk. 2000 Jahresgehalt?
  V. Wie viel etablirt gewesene? — 16. b) i. Sa. ....

17. Sonstige Mittheilungen.

Unter Beischluß von .... Frageblättern am 15. December 1892 an den Verbands-Vorsteher **Edmund Lotz** in **Coburg** zurück von dem .... in ....

Anlage C.
(Original 44 cm lang und 29 cm breit, Grundfarbe des Papieres weiß).

Antwortender Verein: ....

Verbands-Fragebogen Nr. 2.

Enquête, Versicherung gegen Stellenlosigkeit betreffend.

(Nur Antworten von **in** Stellung befindlichen Befragten umfassend).

Am **15. December** beantwortet an den Verbandsvorsteher portofrei zurück zu liefern.

Jeder Verein wird ersucht, sorgfältig und pünktlich zu beantworten, da das Gelingen der Enquête davon abhängig ist.

I. Allgemeine Fragen.

A. Wie viel Gehülfen-Mitglieder zählt jetzt Ihr Verein? ....

B. a) Wie viel sind als außer Stellung bekannt geworden? ....
(Man vgl. Frage 3a des Frageblattes).

b) Wie viel Antwortgeber sind z. Zt. noch in Stellung? ....
(Man vgl. Frage 3b des Frageblattes).

C. Wie viel Frageblätter hat Ihr Verein im Ganzen ausgesandt? ....

D. Wie viel Frageblätter kamen beantwortet zurück? ....

II. Besondere Fragen. (Dieselben beziehen sich auf das Vereins-Frageblatt).

1. a) Wie viel Antwortgeber sind gleichzeitig Mitglied mehrerer kaufmännischer Vereine? — 1. a) ....

b) Wie viel Antwortgeber haben sich gleichzeitig bei mehreren kaufmännischen Vereinen als Stellenbewerber gemeldet? — b) ....

2. Wie viel Antwortgeber bekleideten zuletzt Stellung als:
I. Comptoirist? ....
II. Lagerist? ....
III. Reisender? ....
IV. Verkäufer im Laden? ....
V. sonstige Gehülfen? ....

3. a) Man vgl. Frage B a der allgem. Fragen.
b) Man vgl. Frage B b der allgem. Fragen.

4. Da Frage 4 des Vereins-Frageblattes sich auf außer Stellung befindliche Befragte bezieht, so fällt die Frage bei diesem, lediglich für die Angaben von **in** Stellung befindlichen Befragten bestimmten, Fragebogen aus.

5. In welchem Alter befinden sich die Antwortgeber?

Wie viel

a) im Alter von unter 25 Jahren? — 5. a) ....
b) im Alter von 25 bis 30 Jahren? — b) ....
c) im Alter von 30 bis 40 Jahren? — c) ....
d) im Alter von über 40 Jahren? — d) ....

6. Welchen Gehalt bezogen die Antwortgeber in ihrer jetzigen Stellung? Freie Station ist hierbei in baar abzuschätzen.

Wie viel bezogen

a) unter Mk. 1000 Jahresgehalt? — 6. a) ....
b) Mk. 1000—1500 Jahresgehalt? — b) ....
c) Mk. 1500—2000 Jahresgehalt? — c) ....
d) über Mk. 2000 Jahresgehalt? — d) ....
e) Wie viel Antwortgeber waren bereits etablirt? — e) ....

7. Welche Kündigungsfrist war bei letzter Stelle vereinbart?

Bei wie viel

a) 14 Tage und darunter? — 7. a) ....
b) 1 Monat? — b) ....
c) 6 Wochen vor Quartalsschluß? (Handelsgesetzliche Kündigungsfrist, welche besonderer Vereinbarung nicht bedarf). — c) ....
d) 3 Monate? — d) ....

8. In wie viel Fällen endet das letzte Dienstverhältniß am Quartalsschluß? — 8. ....

9. In wie viel Fällen endet das letzte Dienstverhältniß zu anderer Zeit als am Quartalsschluß? — 9. ....

10. Von wem wurde die Kündigung bewirkt?
a) In wie viel Fällen vom Prinzipal? — 10. a) ....
b) In wie viel Fällen vom Gehülfen? — b) ....

11. In wie viel Fällen wurde die Kündigungszeit ausgehalten? — 11. ....

12. In wie viel Fällen wurde die Kündigungszeit nicht ausgehalten? — 12. ....

13. Welches war der Kündigungsgrund?
In wie viel Fällen
a) Reduction des Geschäftspersonals? — 13. a) ....
b) Auflösung des Geschäfts? — b) ....
c) Konkurs des Geschäftsinhabers? — c) ....
d) Erkrankung des Gehülfen? — d) ....
e) Ersatz des Gehülfen durch den ältesten Lehrling? — e) ....
f) Meinungsverschiedenheiten zwischen Prinzipal und dem Gehülfen? — f) ....
g) sonstiger Grund?
I. um mehr Gehalt zu bekommen?
II. um die Kenntnisse zu vermehren?
III. um das Geschäftsleben anderer Städte und Länder kennen zu lernen?
IV. weil für die Stellung nicht geeignet?

14. Wie viel Antwortgeber hatten zuerst noch keine bezahlte Gehülfenstelle, sondern verfielen sofort nach Beendigung der Lehrzeit der Stellenlosigkeit? — 14. ....

15. Wie viel Antwortgeber waren schon früher stellenlos?
a) Auf welche Zeit?
Wie viel bis 1 Monat?
Wie viel bis 2 Monat?
Wie viel darüber hinaus? ....
b) Wie oft?
Wie viel 1 mal? ....
Wie viel 2 mal? ....
Wie viel 3 mal? ....

16. a) Wie viel Antwortgeber sind im Prinzip für die Einrichtung einer „Versicherung gegen Stellenlosigkeit" und zu welchen Gehaltsklassen gehören dieselben?
Wie viel zu
I. Kl. a) unter Mk. 1000 Jahresgehalt? ....
II. Kl. b) Mk. 1000—1500 Jahresgehalt? ....
III. Kl. c) Mk. 1500—2000 Jahresgehalt? ....
IV. Kl. d) über Mk. 2000 Jahresgehalt? ....
V. Wie viel etablirt gewesene? .... — 16. a) i. Sa. ....

oder b) Wie viel Antwortgebern erscheint „Unterstützung bei Stellenlosigkeit" angemessener und wünschenswerther und zu welchen Gehaltsklassen gehören dieselben?
Wie viel zu
I. Kl. a) unter Mk. 1000 Jahresgehalt? ....
II. Kl. b) Mk. 1000—1500 Jahresgehalt? ....
III. Kl. c) Mk. 1500—2000 Jahresgehalt? ....
IV. Kl. d) über Mk. 2000 Jahresgehalt? ....
V. Wie viel etablirt gewesene? .... — 16. b) i. Sa. ....

17. Sonstige Mittheilungen.

Unter Beischluß von .... Frageblättern am 15. December 1892 an den Verbands-Vorsteher **Edmund Lotz in Coburg** zurück von dem .... in ....

FSC
www.fsc.org
MIX
Papier | Fördert gute Waldnutzung
FSC® C083411

Kolibri 360 GmbH
Ferdinand-Jühlke-Straße 7
99095 Erfurt, Deutschland
produktsicherheit@kolibri360.de